POLYGLOTT on tour

Gran Canaria

Die Autorin

Irene Börjes

Die Hamburgerin zog es 1988 auf ihre Lieblingsinsel La Palma. Als Studien- und Wanderreiseleiterin sammelte sie soviel Wissen und Erfahrungen, dass sie schon bald ihre Nebenbeschäftigung als Reisejournalistin zum Beruf machen konnte. Sie hat seither zahlreiche Bücher veröffentlicht, darunter auch einen Kanarenkrimi.

REISEPLANUNG

LAND & LEUTE

TOP-TOUREN AUF GRAN CANARIA

Obstverkauf in Santa Lucia de Tirajana

Erst-! klassig

REISE-PLANUNG

Blick auf das Tal von Agaete

Die Reiseregion im Überblick

Sonne, Strand und warmes Atlantikwasser – so heißen für die meisten Urlauber die wichtigsten Gründe für einen Urlaub auf Gran Canaria. Schöne Badeplätze gibt es mehr als genug und zwar sowohl inmitten Gleichgesinnter als auch abseits der Urlauberhochburgen, dafür ist die Badeinsel Gran Canaria bekannt. Gran Canaria hat aber mehr zu bieten, im Wasser und im Hinterland. Sie wird immer mehr zur Sportlerinsel, das ganzjährig milde Klima schafft ideale Voraussetzungen, im Sommer und im Winter draußen jede Sportart auszuüben. Über beständige Winde freuen sich Segler und Surfer wie Paraglider. Die nur wenige Kilometer hinter dem Strand beginnenden faszinierenden Gebirgslandschaften begeistern Biker und Wanderer.

Der **Süden** ist das Mekka der Sonnenhungrigen, Strandläufer und Wasserratten. Die große Mehrzahl der Urlauber verbringt ihre Ferien hier. Edel oder einfach – der Süden hält für jeden Geschmack und jeden Geldbeutel das passende Unterkunftsangebot bereit. Er punktet mit seinen Goldstränden, aber auch mit seinem Sport- und Freizeitangebot. In Playa del Inglés kann man jede Nacht Party feiern, in Maspalomas zur gleichen Zeit ganz allein am Strand entlang wandern. Nur wenige Kilometer im Hinterland beginnt die zauberhafte, einsame Bergwelt mit Dörfern ganz ohne Straßenverkehr.

Multikulturelles Großstadtflair strahlt **Las Palmas** aus. Konzerte und Festivals von Oper bis Heavy Metal bietet die Hauptstadt, Altstadtgassen und

»Los Azulejos« sind durch Oxidation entstanden

dazu noch einen der schönsten und längsten Badestrände – genug Gründe, um den Urlaub hier zu verbringen.

Ganz anders zeigt sich der **Osten**. Auf den ersten Blick öde und verbaut längs der Autobahn, auf den zweiten Blick und etwas abseits gibt es spannende Schluchten, schöne alte Städte und an der Küste so manchen feinen Sandstrand; hier liegen auch die besten Spots für Surfer.

Der fruchtbare **Norden** war immer schon das geistige und kulturelle Zentrum mit den wichtigsten Städten. Ausgrabungen haben Kult- und Wohnstätten der Urbevölkerung freigelegt, die Kanarier beleben alte Handwerkskünste und in den Kirchen und Kathedralen lassen sich Schätze aus dem 16. Jh. entdecken.

Das **Zentrum** bezaubert mit rot, gold und bläulich schimmernden Felsen, Monolithen und Schluchten. Es ist ein ideales Revier für Wanderer und Naturliebhaber. Wer es ganz ruhig haben möchte, kann auch in stillen, weißen Dörfern und Höfen seinen Urlaub verbringen.

Extra-Touren

Tour 1 Große Gran-Canaria-Runde

Tour-Übersicht:

Playa del Inglés › Puerto de Mogán › Schluchten des Südwestens › Steilküste › Puerto de las Nieves › Gáldar › Las Palmas › Playa del Inglés

Distanzen:

Playa del Inglés › Puerto de Mogán 32 km; **Puerto de Mogán › Schluchten des Südwestens** 32 km; **Schluchten des Südwestens › Steilküste › Puerto de las Nieves** 44 km; **Puerto de la Nieves › Gáldar** 9 km; **Gáldar › Las Palmas** 30 km; **Las Palmas › Playa del Inglés** 56 km. Rundfahrt insgesamt etwas über 210 km.

Praktische Hinweise:

- Die komplette Runde ist nur mit dem Pkw möglich. Wenn man sie als Tagestour macht, bleibt für Besichtigungen nur wenig Zeit. Die Straßen sind gut ausgebaut, die Rückfahrt von Las Palmas geht auf der Autobahn *(autovía)* schneller. Im Norden kann es kühler und bewölkt sein, eine Jacke sollte also im Wagen liegen.
- Unterwegs gibt es viele Möglichkeiten zur Einkehr, z.B. bei einem Abstecher ins Fischerdorf Puerto de Aldea oder besonders schön in Puerto de las Nieves.
- Montags sind die Museen in Gáldar und Las Palmas geschlossen.

› Karte Umschlag

Bei Puerto de la Aldea beginnt die grandiose Steilküste

Vormittags: Landschaftliche Höhepunkte dieser Tour sind die einsamen Schluchten im Südwesten und die grandiose Steilküste im Westen. Beim Start im Süden steht die Wahl zwischen der Autobahn bis Playa del Tauro oder der Küstenstraße GC 500 an. Die Küstenstraße verschafft schon nach wenigen Kilometern den Blick auf alle Buchten, Strände und Städte der Südküste, ist aber um Arguineguin/Anfi del Mar viel befahren. Bis ****Puerto de Mogán › S. 69** geht es die Küstenlinie entlang. Hier bietet sich ein Besuch rund um den Hafen des auch »Klein-Venedig« genannten, gelungenen Urlauberstädtchens an. Die Straße windet sich nach Mogán hinauf und weiter in die **schluchtenreiche Bergeinsamkeit.** Der **Pass von Tasarte** (655 m) gibt einen weiten Blick über die Ebenen bis zur Küste frei. Kurz vor dem Fischerörtchen **Puerto de la Aldea** windet sich die Landstraße die **atemberaubende Steilküste** hinauf. Nach Westen geht der Blick mehrere hundert Meter nach unten auf das Meer, nach rechts in die unberührte, wilde Natur des UNESCO-Biosphärenreservats Xerocanaria. Unbedingt einen Stopp einlegen sollte man am ****Mirador del Balcón › S. 135**. Von der 400 m über dem Meer gelegenen Plattform bietet sich bei guter Fernsicht ein Blick auf den Pico de Teide auf Teneriffa, den mit 3718 m höchsten Berg Spaniens. In der

Ferne leuchten schon die weißen Häuser von ****Puerto de las Nieves › S. 121.** Das Fischerdorf mit seinem gut erhaltenen alten Ortskern lockt mit zahlreichen hervorragenden Lokalen; von deren Terrassen geht der Blick zurück auf die gezackte Steilküste. Ab ***Agaete › S. 118** bietet sich ein Abstecher in die schönste Schlucht der Insel an: ****Barranco de Agaete › S. 120.**

Nachmittags: Weiter geht die Fahrt in Richtung Norden nach **Gáldar › S. 117,** um dort in der ****Cueva Pintada › S. 118** eine Zeitreise zu den Altkanariern zu unternehmen. Auf der Autobahn erreicht man in kürzester Zeit die Inselhauptstadt ****Las Palmas › S. 80.** Neben der kolonial geprägten ****Altstadt Vegueta** lohnt sich auch ein Abstecher ins quirlige Hafenviertel Santa Catalina. Am schönsten ist ein Besuch der Inselhauptstadt an einem Wochentag, wenn alle Geschäfte geöffnet sind.

Tour 2 Ins Zentralgebirge, das Gewitter aus Stein

Tour-Übersicht:

Playa del Inglés › Fataga › Roque Bentayga › Tejeda › Cruz de Tejeda › Roque Nublo › Santa Lucia › Agüimes › Playa del Inglés

Distanzen:

Playa del Inglés › Fataga 15 km; **Fataga › Roque Bentayga** 25 km; **Roque Bentayga › Tejeda** 5 km; **Tejeda › Cruz de Tejeda › Roque Nublo** 16 km; **Roque Nublo › Santa Lucia** 20 km; **Santa Lucia › Agüimes** 22 km; **Agüimes › Playa del Inglés** 25 km; Gesamtstrecke etwa 130 km.

Praktische Hinweise:

Diese Tagestour lässt sich nur mit dem Pkw bewerkstelligen. Vergleichbare Touren werden auch als organisierte Busreise angeboten. Auf den Höhen im Zentrum ist es auch im Sommer kühler und es kann bewölkt sein, eine Jacke sollte im Wagen liegen. Die Straßen sind in einem guten Zustand, allerdings im Gebirge schmal und sehr kurvig. Unterwegs gibt es viele Möglichkeiten zur Einkehr, z.B. in Tejeda, Cruz de Tejeda und Santa Lucía.

Vormittags: Landschaftlicher Höhepunkt der Tour ist das Zentralgebirge mit seinen markanten Monolithen. Die Fahrt beginnt in Playa del Inglés. An der Kreuzung San Fernando geht es auf der GC 60 in Richtung Fataga. Am Themenpark **Mundo Aborigen › S. 19** und einem Aussichtsplatz vorbei, führt die Tour in den **Barranco de Fataga › S. 61,** der an einen amerikanischen Canyon erinnert. Man fährt durch **Arteara,** bevor das ursprüngliche Dorf **Fataga › S. 62** erreicht ist; hier lohnt ein Rundgang durch die autofreien Gassen. Es geht weiter hinauf durch **San Bartolomé de Tirajana › S. 62** in die grandiose Bergwelt. Der Ausschilderung ****Roque Bentayga › S. 129** folgend erreicht man den Fuß des markanten Felsens. Auf seinem Gipfel befand sich eine Kultstätte der Ureinwohner. Im zentralen Bergdorf ***Tejeda** › **S. 130** kann man eine Rast einlegen, bevor man sich aufmacht zum ***Cruz de Tejeda** › **S. 131**, dem historischen Kreuzungspunkt mit hervorragender Aussicht. Ebenfalls einen herrlichen Blick haben Sie vom Pass **Degollada de Becerra**. Und nach einem Abstecher zum höchsten Punkt der Insel, dem 1949 m hohen **Pico de las Nieves** › **S. 127**, geht es weiter zum ****Roque Nublo** › **S. 128**, dem markantesten Felsen.

Nachmittags: Der Rückweg führt wieder über San Bartolomé de Tirajana; dort fährt man aber in den reizvollen **Barranco de Tirajana** und zum Dorf **Santa Lucía** › **S. 63**, wo sich das Archäologische Museum befindet. Wer viel Zeit und Lust hat, macht einen Abstecher nach **La Sorrueda** zur altkanarischen **Fortaleza Grande**. Unbedingt noch Zeit einplanen sollte man für einen Besuch der restaurierten Altstadt von ***Agüimes** › **S. 103**.

Tour 3 Historische Städte im Norden

Tour-Übersicht:
Las Palmas › **Teror** › **Arucas** › **Cenobio de Valerón** › **Gáldar** › **Sardina del Norte** › **Las Palmas**

Distanzen:
Las Palmas › **Teror** 30 km; **Teror** › **Arucas** 17 km; **Arucas** › **Moya** 12 km; **Moya** › **Cenobio de Valerón** 18 km; **Cenobio de Valerón** › **Gáldar** 5 km; **Gáldar** › **Sardina del Norte** 6 km; **Sardina del Norte** › **Las Palmas** 40 km; Gesamtstrecke etwa 130 km.

Praktische Hinweise:
- Die Tour ist nur mit dem Pkw an einem Tag möglich. Im Norden kann es kühler und bewölkt sein, deshalb sollte man immer eine Jacke dabei haben. Unterwegs gibt es viele Möglichkeiten zur Einkehr, z.B. als Abschluss der Tour in Sardina del Norte.
- Alle Straßen sind in gutem Zustand, zum Teil aber schmaler als gewohnt. Die Rückfahrt geht am schnellsten auf der Autobahn.

Vormittags: Auf dieser Tour durch die Städte des grünen Nordens können zahlreiche Reisen in die Zeit der Altkanarier unternommen werden. Von Las Palmas führt die Route über die kurvenreiche Landstraße nach ****Teror** › **S. 114** mit seiner sehr schönen Altstadt. Die Basílica de Nuestra Señora del Pino ist der Schutzpatronin Gran Canarias geweiht. In ***Arucas** › **S. 111** erwartet die Besucher in der Altstadt die größte Kathedrale der Insel. Über der Kathedrale thront der Aussichtsberg **Montaña de Arucas**. Bekannt ist die

Bei Moya gibt es letzte Reste des ursprünglichen Lorbeerwaldes

Stadt auch für den guten Rum der **Destilería Arehucas.** Wer es eilig hat, fährt von Arucas zur Küste und von dort bequem weiter auf der Autovía in Richtung Osten. Landschaftlich reizvoller ist die gewundene Strecke vorbei an den letzten **Lorbeerwäldern** der Insel über **Moya › S. 116** zur archäologischen Stätte **Cenobio de Valerón › S. 117** bei Santa Maria de Guía. Lange wurde von dem altkanarischen Höhlensystem angenommen, es handele sich um eine religiöse Stätte.

Nachmittags: Von hier ist es nur ein Katzensprung nach **Gáldar › S. 117**. Neben der sehenswerten Altstadt lockt hier ein Höhepunkt der Tour, der ****Archäologische Park Cueva Pintada**. Ausschließlich der Entspannung dient die anschließende Fahrt nach **Sardina del Norte › S. 118**. Der kleine Fischerort lockt mit einem kleinen Strand, dem Hafen, guten Fischlokalen und einem fantastischen Blick auf die steile Westküste und nach Teneriffa.

Klima & Reisezeit

Der viel zitierte »ewige Frühling« Gran Canarias ist eher ein warmer Frühsommer. Die Temperaturen liegen selten über 26 °C (nur im Juli, August und September klettern sie etwas höher), werden meist durch eine sanfte Brise gemildert und betragen in der Nacht kaum einmal weniger als 15 °C. Dem passt sich die Wassertemperatur an; sie fällt selten unter 19 °C.

Solche übers Jahr sommerlichen Temperaturen verursacht der Nordost-Passat. Diese Luftströmung steigt am Äquator auf und zieht an den meisten Tagen des Jahres auf immer derselben Rundbahn über die Nordhälfte des

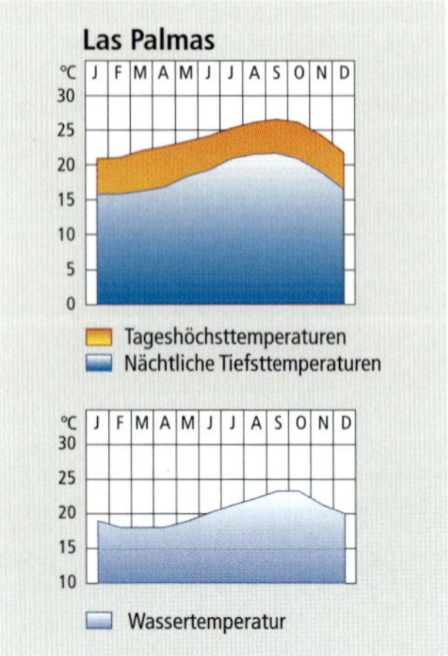

Atlantiks. Die Kanarischen Inseln erreicht er aus nordöstlicher Richtung und bringt an vielen Tagen einen Wolkenteppich mit, der sich am bis zu 1949 m hohen Zentralmassiv Gran Canarias staut und den Himmel im Norden der Insel verhängt, ihn aber auch mit Feuchtigkeit versorgt. Dort ist es darum nicht nur häufig wolkig, sondern auch kühler, ebenso wie in der gebirgigen Inselmitte (Faustregel: 1 °C pro 100 Höhenmeter). Die auf Meeresniveau liegenden Küsten im Süden und Südwesten mit den Urlauberrevieren erreicht die Passatwolke fast nie, deshalb sind sie deutlich wärmer.

Diese relativ stabile Hauptwetterlage hat zwei Ausnahmen: Zwischen November und April kann es zu kurzen, heftigen Schauern kommen, wenn atlantische Tiefausläufer die Passatwolke verdrängen. In heißen Sommermonaten kann sich ein Saharasturm schon mal gegen den Passat durchsetzen. Dann schnellt für einige Tage die Quecksilbersäule auf fast 40 °C, und ein heißer Wind, der Levante, jagt Saharasand über die Insel.

Gran Canaria hat das ganze Jahr Saison: Von November bis April kommen die Nord- und Mitteleuropäer, denen es daheim zu kalt ist, und im Sommer die Spanier, denen es auf der Iberischen Halbinsel zu heiß wird. Wer Gran Canaria in relativer Ruhe und mit bestem Klima erleben möchte, dem seien die Monate Mai, Juni und Oktober empfohlen; in dieser Reisezeit gibt es auch viele Sonderangebote.

Anreise

Mit dem Flugzeug

Nahezu alle deutschen Reiseveranstalter und Charterfluggesellschaften fliegen Gran Canaria von vielen deutschen Großstädten mehrmals in der Woche an. Ihr Ziel ist der Flughafen Gando, 18 km von der Hauptstadt Las Palmas entfernt. Im Linienverkehr wird Gran Canaria von deutschen Flughäfen immer über einen spanischen Flughafen und mit einer spanischen Gesellschaft angeflogen.

Außerhalb der Saisonzeiten kann man v.a. im Internet günstige Flüge ergattern. Pauschaltouristen werden von ihrer Reisegesellschaft in Empfang genommen, für individuell Anreisende stehen die blauen Busse der Firma GLOBAL vor den Flughafenausgängen. Linie 60: nach Las Palmas, ab etwa 6 Uhr alle 30 Min. Linie 66: nach Süden bis Maspalomas, ab etwa 7 Uhr stündlich. In Playa del Inglés kann man Richtung Puerto Rico und Puerto de Mogán umsteigen (neues Ticket lösen!).

Mit der Fähre

Zwei Autofähren legen in Spaniens Süden Richtung Kanaren ab. Die der Reederei **Acciona-Trasmediterránea** benötigt 40 Std. von Cádiz über Teneriffa nach Gran Canaria (einfache Fahrt für zwei Personen plus Kleinwagen ab 650 €).

Buchungen: DERTRAFFIC Schiffsservice, Tel. 0 69/95 88 58 00, www.trasmediterranea.com oder www.aferry.de. Seit 2011 bietet die Reederei **Naviera-Armas** einen Fährdienst vom spanischen Huelva bis Gran Canaria 28 Std., www.directferries.de oder www.navieraarmas.com.

Unterwegs auf der Insel

Bus

Ein dichtes Liniennetz der Busgesellschaft GLOBAL überzieht die Insel. Mit ein wenig Planung können Ausflüge und Wanderungen per Bus organisiert werden. Fahrpläne für die ganze Insel bekommt man in Las Palmas zentra-

Taxifahrer in Las Palmas

lem Busbahnhof (Estación de Guaguas) im Untergeschoss des San-Telmo-Parks und in Playa del Inglés im Einkaufszentrum Yumbo, Laden Nr. 342. Dort gibt es auch Sonderfahrscheine wie das *Sumaticket*, mit dem sich bis zu 20 % und mehr einsparen lassen. Die regionalen Fahrpläne hält die Touristeninformation bereit.

Zwischen Las Palmas und dem Süden pendeln in kurzen Abständen (alle 20–30 Min.) Busse; andere Strecken werden seltener befahren.

Taxi

Taxifahrten sind relativ günstig. Je nach Tageszeit und Gemeinde kostet der Grundpreis zwischen 1,80 € und 2,60 € und der Kilometer ab 0,50 € bzw. 0,90 € (nachts). Bei weiteren Entfernungen sollte man den Preis am besten vorher erfragen.

Mietwagen

Die Verkehrsregeln und -zeichen sind weitgehend die gleichen wie in Deutschland, Österreich oder der Schweiz. Das Mitführen von zwei Warndreiecken und einer reflektierenden Weste ist Pflicht! Falsches Parken (eine gelbe Linie am Bordstein signalisiert Parkverbot, bei einer blauen Linie ist Parken nur mit Parkschein erlaubt) wird mit hohen Geldstrafen geahndet, ebenso Fahrzeugmängel und Geschwindigkeitsüberschreitungen (Höchstgeschwindigkeit innerorts: 50 km/h, außerorts: 90 km/h, auf Schnellstraßen und Autobahnen: 100 bzw. 120 km/h).

Überprüfen Sie den Zustand des Wagens vor Fahrtantritt. Sicher geht, wer eine große, renommierte Firma wie Hertz, Europcar oder Cicar wählt. Der Fahrer muss älter als 21 Jahre und mindestens ein Jahr im Besitz des Führerscheins sein. Fahrberechtigt sind nur die im Vertrag genannten Personen.

Ausflüge zu den Nachbarinseln

Alle kanarischen Inseln sind untereinander mit Linienfliegern und Fähren verbunden.

Schnelle Tragflächenjets und Fähren verkehren vom Puerto de la Luz in Las Palmas täglich nach Teneriffa (von dort nach La Palma, El Hierro oder La Gomera) sowie nach Lanzarote und Fuerteventura.

Vom Fährhafen Agaete/Puerto de las Nieves startet vier- bis sechsmal täglich eine Autoschnellfähre der **Lineas Fred. Olsen** nach Teneriffa. Die Fahrt dauert eine Stunde, der Preis liegt bei ca. 48 € pro Person. Es gibt einen kostenlosen Zubringerbus von/nach Las Palmas. Informationen im Internet: www.fredolsen.es und www.navieraarmas.com.

Ab dem Flughafen Gando gibt es mehrmals täglich Flüge zu den anderen Inseln, durchgeführt von Binter Canarias (www.bintercanarias.com) und Islas Airways (www.islasnet.com).

SPECIAL

Unterwegs mit Kindern

Feiner heller Sand und warmes, sauberes Meerwasser, das nur allmählich tiefer wird, sind ideal zum **Spielen und Plantschen.** In Las Palmas und den Badeorten des Südens ist beides vorhanden. Insbesondere in den Wintermonaten sollte man aber auf die Brandung achten. Abwechslung zu Strandtagen gibt es mehr als genug: Ausflüge in **Naturparks** und wilde Schluchten, **Bootsfahrten** oder der Besuch eines der vielen **Freizeitparks.** Deren Eintrittspreise können allerdings die Urlaubskasse erheblich belasten. Also am besten Verpflegung und Getränke mitnehmen.

Piratentörn und Wüstenschiffe

In Puerto Rico lichtet ein nachgebautes **Piratenschiff** den Anker, **Windjammer** laufen in Puerto Rico und Puerto de Mogán zur großen Fahrt entlang der Küste aus. Vier Stunden dauert so ein Ausflug, und unterwegs wird zünftig gepicknickt. Ein gelbes **Unterseeboot** taucht in Puerto de Mogán ab und nimmt Kurs hinaus aufs offene Meer. Große und kleine Fische, Korallen und sogar ein richtiges Wrack lassen sich durch die eingebauten Glasböden ganz aus der Nähe betrachten. Nach 30 Minuten gibt der Kapitän das Kommando zum Auftauchen.

Kamelsafaris bieten gleich drei Veranstalter im Süden an. Wer sich für die im Barranco de Fataga › **S. 61** entscheidet, kann den Ausritt gleich mit einem Ausflug in die schöne Umgebung verbinden. Auch durch die Dünen bei Maspalomas werden Kamelritte organisiert – hier kommt man sich garantiert vor wie auf einem Wüstenschiff.

Am preiswertesten schippern **Linienschiffe** (ebenfalls mit Glasboden) der Reedereien Lineas Salmon und Blue Bird zwischen den Häfen von Arguineguín, Puerto Rico und Puerto Mogán an der Küste entlang. Die Fahrpreise für die einfache Strecke betragen je nach Länge 6–11 €, Kinder unter 5 Jahren sind frei.

- **Piratentörn**
  zweimal täglich ab Puerto Rico,
  neuer Jachthafen
  Kinder 12,50 €, Erwachsene 25 €
- **Delfinbeobachtung**
  zweimal täglich ab Puerto Rico,
  neuer Jachthafen u. Puerto de Mogán
  Kinder 12,50 €, Erwachsene 25 €
- **Yellow Submarine**
  mehrmals täglich zwischen 10 und
  16.30 Uhr ab Puerto de Mogán,
  große Mole
  Kinder (3–12 Jahre) 14 €,
  Erwachsene 28 €
- **Camello Safari Park La Barranda**
  Arteara (im Barranco de Fataga, 4 km
  südlich des Ortes Fataga)
  30 Minuten Ausritt kosten für Kinder
  8 €, Erwachsene 16 €; Besichtigung
  der Kamelfarm 3 €

Tierisch gut: Themenparks

***Palmitos Park** ist eine 20 ha große Oase voller subtropischer Pflanzen. Zu den besonderen Attraktionen des Parks gehören ein Schmetterlings- und ein Orchideenhaus, ein Südseeaquarium und Flugvorführungen mit Greifvögeln und Papageien. Von den Ferienorten im Süden fahren regelmäßig Busse zum Park. Krokodile, Raubkatzen, Affen und Huftiere tummeln sich etwas abseits bei Los Corralillos (südl. von Agüimes) in den künstlichen Landschaften des **Cocodrilo Parks.** In Shows zeigen Papageien stündlich, was sie gelernt haben. Der **Parque Norte** bei Gáldar macht großen und kleinen Leuten einfach Spaß. Affen, Esel und Papageien kann man hier beobachten. Gran Canaria im Miniformat ist aufgebaut und man lernt, warum die Banane krumm wächst.

Ohne exotische Tiere kommt **Sioux City** aus, die Westernstadt in der Adlerschlucht. Der trockene, versteppte Barranco del Águila gibt eine ideale Kulisse für die Westernstadt mit Saloon, Bank und zahlreichen anderen Gebäuden ab, die so authentisch aussehen, dass man meint, jeden Augenblick müsste John Wayne auftauchen. Für die Besucher werden stündlich Banküberfälle und Rinderauftriebe inszeniert. Freitag abends ist immer eine stimmungsvolle Barbecue-Nacht mit Country-Musik angesagt.

Holiday World ist ein riesiger Vergnügungspark mit Disko und Spielhöllen, Bowling-Bahn, Riesenrad und Achterbahn. Dank der Punktekarten statt eines Eintrittspreises hat man immer die Übersicht, wieviel man ausgibt.

- **Palmitos Park**
  Maspalomas,
  Endstation der Buslinie 45
  tgl. 10–18 Uhr
  Kinder (3–12 Jahre) 21 €,
  Erwachsene 28,50 €
- **Cocodrilo Park**
  Los Corralillos (bei Agüimes),
  Anfahrt mit dem Gratisbus
  tgl. außer Sa 10–17 Uhr
  Kinder 14 €, Erwachsene 21 €

- **Parque Norte**
  Gáldar
  tgl. 10–17 Uhr
  Kinder bis 12 Jahre 6 €,
  Erwachsene 12 €
- **Sioux City**
  San Agustín, Endstation Bus Nr. 25
  Di–So 10–17 Uhr
  Kinder 15 €, Erwachsene 21 €
- **Holiday World**
  Maspalomas
  tgl. geöffnet
  Statt Eintritts- gibt es Punktekarten
  für 8–25 €

Auf Spurensuche in Höhlendörfern

Den besten Einstieg ins kanarische Steinzeitleben bietet großen und kleinen Entdeckern der Themenpark **Mundo Aborigen** im Barranco de Fataga mit lebensechten Figuren und Nachbauten von Höhlensystemen. Dreimal täglich werden Rituale der Altkanarier in einer eindrucksvollen Show vorgeführt.

Spannend ist auch der Besuch des archäologischen Parks **Cueva Pintada** in Gáldar › S. 118. Hier führen 3D-Animationsfilme (auch auf Deutsch) zurück in die Steinzeit.

Authentische Höhlenwohnungen können im Barranco de Guayadeque › S. 102 bestaunt werden; auch das dazugehörige Informationszentrum **Centro de Interpretación Guayadeque** liegt in einer riesigen Höhle.

- **Mundo Aborigen**
  Barranco de Fataga
  tgl. 9–18 Uhr
  Kinder bis 12 Jahre frei,
  Erwachsene 10 €

Ausritt auf dem Kamel

- **Cueva Pintada**
  Gáldar
  Di–Sa 9.30–20, So 11–20 Uhr
  Kinder unter 10 Jahren frei,
  Erwachsene 6 €
- **Centro de Interpretación Guayadeque**
  Barranco de Guayadeque (Ingenio)
  Di–Sa 9–17, So 10–17 Uhr
  Erwachsene 2,50 €, Kinder 1,25 €

Wasserspaß pur

Wem Strand und Meer nicht genügend Abwechslung bieten, der macht sich auf zu einer künstlichen Badeoase: zum 130 000 m^2 großen **Aqualand** nördlich von Playa del Inglés und Maspalomas in Richtung Tablero (ausgeschildert). Die Anlage bietet u.a. riesige Pools und über 30 Wasserrutschen, darunter als Highlight eine geschlossene mit Licht- und Soundeffekten.

- **Aqualand**
  Ctra. Palmitos Park, km 3
  Tel. 928 14 05 25
  www.aqualand.es
  tgl. 10–17 Uhr
  Kinder (4–12 Jahre) 18 €,
  Erwachsene 25 €

Sport & Aktivitäten

Für Aktivurlauber bietet Gran Canaria unerschöpflich viele Möglichkeiten. Alle Wasser- und Outdoorsportarten können rund ums Jahr ausgeübt werden. Winterpause Fehlanzeige! Mit den hervorragenden Stränden und konstanten Wind- und Wellenverhältnissen bietet Gran Canaria die besten Bedingungen für Segler und Surfer. Da verwundert es nicht, dass Absolventen der Segelschule in Puerto Rico schon viele Goldmedaillen nach Hause brachten und einige Dauerweltmeister der Surfer aus Playa Àguila kommen. Aber auch ganz ohne Ambitionen auf Titel kann man segeln, surfen, tauchen, biken, wandern oder etwas ganz Neues ausprobieren.

Wassersport

Die besten Reviere für Wassersportler liegen im Südwesten. Die Sporthäfen von Anfi del Mar (Arguineguín), Puerto Rico und Puerto Mogán sind bei Seglern, Surfern und Tauchern gleichermaßen beliebte Anlaufstellen mit einem breiten Kursangebot auch für Anfänger (inklusive Materialverleih). Hier starten auch die Hochseeangler, denn im Meer vor Gran Canaria tummeln sich Thun- und Schwertfische. Geübten Windsurfern ist es im Südwesten häufig zu ruhig. Sie ziehen die östlicheren Strände vor, z. B. Playa Àguila, Bahía Felíz oder Pozo Izquierdo.

Rund um die Insel, immer in der Nähe der schönsten Unterwasserspots, konzentrieren sich Tauchzentren. Der vulkanische Ursprung der Kanaren bietet vielfältige Unterwasserlandschaften mit reicher Flora

Surfer finden auf Gran Canaria zahlreiche tolle Surfspots

und Fauna. Wellenreiter zieht es an die Nordküste; bei optimalen Wetterbedingungen können hier zwischen Las Palmas und Gáldar bis zu fünf Meter hohe Wellen entstehen. Die genannten anerkannten Surf- und Tauchschulen haben immer auch deutschsprachige Ausbilder.

Sail & Surf Overschmidt
- Puerto Rico und Puerto de Mogán
- Tel./Fax 928 56 52 92
- www.segelschule-grancanaria.de

Surfcenter Side Shore
- Playa del Águila
- Tel. 928 76 29 58
- www.sideshore-es.com

Club Mistral
- Bahía Felíz
- Tel. 928 15 71 58
- www.club-mistral.com/grancanaria

Sun Sub Diving Center
- Playa del Inglés
- Tel. 928 77 81 65
- www.sunsub.com

Dive Academy
- Arguineguín
- Tel. 928 73 61 96
- www.diveacademy-grancanaria.com

Top Diving
- Puerto Rico
- Tel. 928 56 06 09
- www.topdiving.net

Canary Diving
- Playa Taurito
- Tel. 928 56 54 28
- www.canary-diving.com

Wandern und Klettern

Gran Canaria bietet sehr gute Wandermöglichkeiten für jeden Geschmack und jede Kondition, man kann z. B. auf eigene Faust durchs Dickicht der Barrancos streifen oder sich auch bequem auf breiten Wegen führen lassen.

Seit einiger Zeit werden die *Caminos Reales,* die alten Handelspfade, instand gesetzt. Selbst leichte Touren verlangen allerdings einige Vorsichtsmaßnahmen, da die Wanderungen bis auf über 1800 m ansteigen können: Nie alleine wandern, immer knöchelhohe Wander-

Die besten Surf-Spots

Erst-! klassig

- **Puerto de Mogán** und **Puerto Rico** sind mit sanfteren Winden, die im Winter mit Stärke 3 bis 5 etwas auffrisen, vor allem für Erstanfänger geeignet.
- Die geschützten Buchten von **Playa Àguila** und **San Àgustin** sind ein gutes Übungsrevier für geübte Anfänger. Fortgeschrittene fahren weiter hinaus.
- **Playa del Inglés** und **Bahía Felíz** sind im Sommer sehr ruhig und deshalb auch für geübte Anfänger geeignet; im Winter kommen Brisen auf.
- **Las Palmas** südlicher Abschnitt des Strandes Las Canteras ist ein gutes Surfrevier für alle Klassen.
- Nur für Experten geeignet ist **Pozo de Izquierdo** und **Playa de Vargas** im Osten. Hier werden Punkte für den Weltcup gesammelt; ganzjährig herrscht hier Windstärke 7 bis 8. Kein attraktiver Strand.

schuhe tragen, vormittags starten und unbedingt Sonnenschutz, Jacke und ausreichend Wasser einpacken. Geführte Wanderungen bieten diverse Hotels und Reisebüros vor Ort an. Sehr beliebt sind die von der Evangelischen Deutschen Gemeinde in Playa del Inglés organisierten Touren zum Selbstkostenpreis (Tel. 928 77 65 02; www.kirche-grancanaria.de).

Die markanten Felsen, die zum Teil senkrecht aufragen und die tiefen Schluchten, Grate und Vulkankrater locken immer mehr Kletterer und ambitionierte Bergsteiger auf die Insel. Vor allem im Gebiet des Roque Nublo, aber auch in den Schluchten des Südens, gibt es zahlreiche Felswände, die unterschiedliche Längen und Schwierigkeitsgrade aufweisen.

Die Touristeninformationen vermitteln auch Ortskundige, die Bergsteiger bei Touren begleiten.

WANDERFÜHRER, auch in deutscher Sprache, sind in den Buchhandlungen in Las Palmas erhältlich; ein breites Sortiment hat die Librería del Cabildo, Triana, Calle Cano 24.

Biken

Als Mountainbiker-Revier wird Gran Canaria bei Urlaubern wie Einheimischen immer beliebter, gerade weil es kaum Schlechtwetterphasen gibt. Man braucht jedoch zum Radeln auf der Insel eine gute Kondition. Klassische Radwege findet man nicht, und oft bläst einem der Wind heftig entgegen. Das Zentralgebirge erlaubt Touren, die auch anspruchvolle Biker zufriedenstellen. Der 23 km lange Aufstieg zum Pico de las Nieves gilt unter Fahrern als einer der schwierigsten Gebirgspässe Europas.

Mehrere Veranstalter verleihen **Fahrräder und Mountainbikes** samt der dazugehörigen Ausrüstung und bieten geführte Touren an:

Free Motion
- Playa del Inglés
- Tel. 928 77 74 79
- www.free-motion.net

Happy Biking
- Playa del Inglés
- Tel. 928 76 68 32
- www.happy-biking.com

Villa del Monte
- Santa Brigida
- Tel. 928 66 43 89
- www.canary-bike.com

Funsport

Nervenkitzel ist vor allem bei jungen Urlaubern gefragt. In Las Palmas finden **Inline-Skater** zwischen Parque Santa Catalina und Hafen die beste Halfpipe-Anlage der Insel; in Maspalomas stehen sowohl das Obergeschoss des Einkaufzentrums Metro als auch der Gemeindeplatz zur Verfügung.

Zwischen San Agustín und Puerto de Mogán kann man sich auf einem **Bananaboat** per Motorboot übers Wasser ziehen lassen. Wer mit dem Gleitschirm in die Lüfte gehen will, kann sich an den großen Stränden ein Speedboot zum **Parasailing** mieten.

SPECIAL

1 Insel der Traumstrände

Gran Canaria bietet 81 Strände mit weißem, gold-gelbem oder schwarzgrauem Sand. Weil Urlauber hellen Sand bevorzugen, werden immer mehr dunkle Strände mit hellem Sand aufgefüllt. Viele Strände sind für Urlauber hergerichtet, andere werden überwiegend von Einheimischen genutzt. Einsame Strände mitten in Naturschutzgebieten, die nur nach beschwerlicher Wanderung zu erreichen sind, gibt es auch noch.

Gezeiten

Ebbe und Flut beeinträchtigen hier das Badeleben nicht so gravierend wie etwa an der Nordsee. Dennoch ist vor allem in den Wintermonaten Vorsicht angebracht, Unterströmungen könnten die Rückkehr zum Ufer erschweren. An bewachten Stränden sollte man immer auf die Signalflaggen achten, an einsamen Stränden bei ablaufendem Wasser vor dem Baden die Sogwirkung prüfen und keinesfalls weit hinaus schwimmen.

Im Süden

- **Playa de San Agustín:** Hauptstrand des Urlaubsortes, etwa 700 m lang mit feinem hellgrauen Sand, sanfter Brandung und einem Pinienwäldchen als Hintergrund.
- **Playa del Inglés:** Der östliche ca. 2,5 km lange Strandabschnitt der **Dünen von Maspalomas** vor dem größten Urlaubsort ist goldgelb und feinsandig. Der Strand fällt sanft ins Meer ab. Die Brandung ist, außer bei Winterstürmen, ungefährlich. Bei schärferen Ostwinden, denen der Strand häufiger ausgesetzt ist, kann der Flugsand unangenehm werden. Nur am Hauptzugang sehr voll.

Am Playa de Amadores

- **Playa de Maspalomas:** Der südliche Strandabschnitt der Dünen ist gleichzeitig der längste und schönste Strandabschnitt. Auf der Höhe von Oasis liegt der Süß-/Salzwassersee *El Charco* im Hintergrund, an den sich das Dünengebirge von Maspalomas anschließt. Der Strandabschnitt liegt im Windschatten des Passats.
- **Playa de Meloneras:** 570 m lang und mit feinem, hellem Sand. Die elegante Promenade ab Faro de Maspalomas endet hier mit Restaurants und einem Einkaufszentrum.
- **Playa Anfi del Mar:** neu angelegter, schöner Strand mit hellem Sand, blumengeschmückter Promenade und Restaurants. Auch bei den Einheimischen sehr beliebt und häufig voll.
- **Playa de Puerto Rico:** große Strandbucht mit feinem goldgelbem Sand. Im Hintergrund verläuft die Promenade mit Touristenrummel. Sehr voll.
- **Playa de Amadores:** die elegante Variante zur Playa de Puerto Rico. Neu angelegte große Strandbucht mit fast weißem Sand, Palmenpromenade und allen Serviceeinrichtungen.
- **Playa de Mogán:** heller Sandstrand mit Promenade; zwar gut besucht, aber trotzdem ruhig.

Im Westen

- **Playa de Veneguera:** dunkler, feiner Naturstrand im Naturschutzgebiet für Abenteuertypen. Nur im Jeep über eine wilde Fahrspur ab Veneguera zu erreichen. In den Oster- und Sommerferien bei Einheimischen beliebt, zu anderen Zeiten eine Robinsonade.
- **Playas de Güigüi:** zwei Naturstrände mit dunklem, feinem Sand mitten in einem Naturschutzgebiet. Nur über eine anstrengende Wanderung oder per Boot ab Puerto de Mogán zu erreichen; meist menschenleer.

Im Osten

- **Playa de las Canteras:** Der mehr als 3 km lange Hauptstadtstrand ist ein echtes Badeparadies. Feiner goldgelber Sand, vor dem Strand ein Riff, das die Brandung zurückhält und dahinter eine Promenade mit Restaurants.
- **Playas Melenera und Salinetas:** Die beiden schönen, dunklen Sandstrände im Osten werden fast ausschließlich von den Bewohnern der Umgebung genutzt. Sie verfügen über gute Serviceeinrichtungen und Restaurants auf der Promenade.

Golf und Reiten

rst-! lassig

Golfspieler messen sich auf neun Plätzen, die sich im Süden (zwischen Maspalomas und Mogán) und Nordosten (bei Las Palmas und Telde) konzentrieren. Ein Kurzporträt aller Plätze, darunter auch der des traditionsreichsten Golfclubs von Spanien (Real Club de Golf de Las Palmas, eröffnet 1891), findet man auf www.grancanaria.com unter dem Stichwort Golf. Dem Golfplatz ist eine **Reitschule** angeschlossen. Reitmöglichkeiten gibt es auch im Süden bei Maspalomas.

Deutsch gesprochen wird bei **Hipisur** (Tel. 928 14 31 46) und **Happy Horse**. Letzterer liegt etwas außerhalb, holt seine Gäste aber ab (Tel. 679 86 70 57).

Unterkunft

Auf Gran Canaria gibt es Hunderte von Hotels, Apartmentanlagen und Bungalowsiedlungen aller Kategorien und Preisklassen. In den reinen Urlaubsorten werden nahezu alle en bloc an die großen Reiseveranstalter vermietet. Deshalb kann von einer individuellen Zimmersuche vor allem in Touristenhochburgen nur abgeraten werden. Zumindest wer seinen Urlaub im Süden verbringen will, sollte schon zu Hause buchen! Wer abseits der großen Touristenzentren Urlaub machen will, weicht am besten auf kleinere Städte und Dörfer aus, in denen es in Pensionen bis hin zu Landhotels viele gute und nicht zu überlaufene Übernachtungsmöglichkeiten gibt.

Turismo rural

Mit Hilfe der EU sind zahlreiche alte Landhäuser restauriert und zu Ferienhäusern oder Hotels umgebaut worden. Ziel des Projektes war, sowohl die Bausubstanz zu erhalten, als auch die Landbevölkerung an Einkünften aus dem Tourismus teilhaben zu lassen. Die meisten Häuser sind für bis zu sieben Personen gedacht und gut bis sehr gut ausgestattet; je nach Personenzahl kosten sie 70–120 € pro Tag. Anbieter:

Grantural

- C. Perojo 36 bajo | 35003 Las Palmas
- Tel. 928 39 01 69 | Fax 928 39 01 70
- www.grantural.com

Aus vielen alten Landhäusern sind gemütliche Hotels geworden

Gran Canaria Rural

- C. Tenerife 24 | 35008 Las Palmas
- Tel. 928 46 25 47 | Fax 928 46 08 89
- www.grancanariarural.com

Auch deutsche Spezialveranstalter haben Fincas im Angebot:

Canarias Reisen

- Tel. 051 21/28 93 93
- www.islas-canarias-reisen.de

Finca Seleccion

- Tel. 083 34/98 97 66
- www.finca-selecction.de

Wellness-Hotels

Auch ganz ohne zusätzliche Einrichtungen ist ein Aufenthalt auf Gran Canaria entspannender und gesünder als anderswo: Das Klima ist ganzjährig ausgeglichen und mild, die Luft zirkuliert nur auf dem Meer, berührt also weder Industriegebiete noch Großstädte, und wohl temperiertes Meerwasser ist in Hülle und Fülle vorhanden. Es fehlte also nicht viel zu perfekten Wellness- und SPA-Einrichtungen, zumal Algen und Aloe vera, wichtige Therapiepflanzen, quasi vor der Haustür wachsen.

Den Anfang machte San Águstin mit einem Thalasso-Therapiezentrum. Inzwischen hat jedes Hotel im gehobenen Segment hauseigene SPA-Einrichtungen und Wellnessangebote.

Zu einem Zentrum der Wellnessbewegung entwickelt sich Amadores, ein Ortsteil von Puerto Rico, mit einem neuen Thalasso-Thera-

SEITENBLICK

Timesharing – das Geschäft mit dem Urlaub

»Sie haben einen Ausflug an die Südküste gewonnen!« So oder so ähnlich lautet der erste Preis einer Tombola. Der erfreute Urlauber auf Gran Canaria landet dabei in aller Regel alsbald in einer neuen Apartmentanlage, wo dann der eigentliche Beweggrund des Ausflugs ans Tageslicht kommt: Der Kauf von Wohnanteilen an einem Hotel oder einer Ferienanlage. Für 18 000 € und mehr erwirbt der ahnungslose Käufer das Recht, lebenslang jeweils zwei Wochen pro Jahr in den Apartments eines Timesharing-Unternehmens zu wohnen.

Dass allein die Zinsen der Einlage das auch ermöglicht hätten, wird dem neuen Anteilseigner erst später klar. Ganz so kostenfrei sind die Urlaubsaufenthalte dann auch nicht, denn Verwaltung, Unterhalt und Reinigung müssen zusätzlich bezahlt werden. Der Hauptgewinn war nicht nur eine Niete, sondern ein Verlustgeschäft.

Also nicht auf die Versprechungen der überwiegend jungen, braungebrannten und deutsch sprechenden Vertreter und Vertreterinnen hereinfallen, die auf bleichgesichtige Urlauber losstürzen. Ein beliebtes Revier ist in Maspalomas der Weg vom Busbahnhof Faro zum Strand.

Deutsche Käufer haben aber auch bei Projekten im EU-Ausland ein Rücktrittsrecht von 10 Tagen.

piezentrum und SPA-Angeboten in jedem Hotel. Besonders zu empfehlen sind:

Hotel Gloria Palace

- San Águstin und Amadores
- Tel. 928 12 85 05
- www.gloriapalaceth.com

Las Canteras

- Las Palmas
- Tel. 928 22 61 20
- www.talasoterapialascanteras.com

Mehr Informationen zu den Zentren sowie eine Liste aller Hotels mit SPA-Einrichtungen findet man unter www.grancanariawellness.com und www.grancanaria.com.

Camping

Es gibt nur vier Campingplätze auf der Insel:

Camping Guantánamo

Nahe Tauro/Mogán, rund 1,5 km vom Meer.

- Tel. 928 56 20 98

Camping Villamar

An der Playa del Asno bei Tasartico.

- Tel. 928 89 04 93

Camping Temisas

Zwischen Agüimes und Santa Lucía, abgeschieden gelegen beim Bergdorf Temisas.

- Tel. 928 79 81 49

Playa de Vargas

Am Surfer Topspot

- Tel. 928 79 81 49
- www.campingdevargas.de

Landhotels mit Flair

Erst-! klassig

- **Villa del Monte:** In der 100 Jahre alten Finca lässt es sich besonders angenehm in der »Englischen Suite« übernachten. Rechtzeitig buchen! › **S. 98**
- **Hotel La Hacienda de Buen Suceso:** Die Hacienda inmitten eines 50 ha großen Anwesens in Arucas wurde luxussaniert. 18 ganz individuelle Zimmer, außerdem Restaurant, Pools und Terrassen › **S. 113.**
- **Finca Las Longueras:** Das Herrenhaus aus dem 19. Jh. im zauberhaften Barranco de Agaete verfügt über neun kleine, gemütliche Zimmer. Im Garten mit alten Tropenbäumen gibt es einen Pool › **S. 120.**
- **Hotel Rural Fonda de la Tea:** Das Hotel im Zentrum von Tejeda ist im Jahr 2007 eröffnet worden. Die Zimmer im Landhausstil öffnen sich auf Galerien um einen Innenhof. Restaurant und Salon strahlen noch den alten Charme des Hauses aus › **S. 131.**
- **Hotel Rural El Refugio:** Ebenfalls am Cruz de Tejeda; mit zehn Zimmern, die ebenso wie die Salons und das Restaurant im gemütlichen Landhausstil eingerichtet sind; Pool › **S. 132.**
- **Parador Nacional Cruz de Tejeda:** Erst im Jahr 2008 mit allem modernen Komfort wiedereröffnet, ist das Landhaus mit geräumigen Zimmern, Restaurant, Bistro, Pool, SPA- und Sportbereich und den schönsten Aussichtsterrassen der Insel ausgestattet › **S. 132.**

LAND & LEUTE

Wallfahrt zur Maria Virgen del Pino in Teror

STECKBRIEF

- **Fläche:** 1560 km²; davon Naturschutzgebiete: 43 %
- **Hauptstadt:** Las Palmas de Gran Canaria
- **Höchster Berg:** Pico de las Nieves: 1949 m
- **Einwohner:** 830 000; davon in Las Palmas: 386 000
- **Amtssprache:** Spanisch
- **Landesvorwahl:** 00 34
- **Währung:** Euro (€)
- **Zeitzone:** MEZ –1 Std.

Lage

Immerhin 1250 km vom spanischen Mutterland entfernt, ist Gran Canaria – anders als der Name vermuten lässt – nach Teneriffa und Fuerteventura nur die drittgrößte der sieben bewohnten Kanarischen Inseln, die vor der Westküste Afrikas liegen.

Bevölkerung und Sprache

Auf Gran Canaria leben mit knapp 830 000 Einwohnern fast 50 % der Bevölkerung des Archipels; sie ist die am dichtesten besiedelte Insel. Etwa 3,5 % der Bevölkerung sind Ausländer. Die Deutschen stellen mit 15 000 den größten nichtspanischen Bevölkerungsteil.

Die demografische Entwicklung der letzten Jahre bringt Schwierigkeiten mit sich: Die ständig auf Gran Canaria lebenden Ausländer und Festlandspanier stellen aus der Sicht der einheimischen Bevölkerung eine ernste Arbeitsplatzkonkurrenz dar.

Außerdem hat die Insel ein Problem mit afrikanischen Zuwanderern: Die Kanaren, vornehmlich aber Gran Canaria mit seinem Hafen Las Palmas, sind durch ihre Nähe zum afrikanischen Kontinent Station für tausende Flüchtlinge, die meist illegal einreisen und sich dann z.B. als fliegende Händler verdingen.

Amts- und Umgangssprache ist Spanisch, aber in den Ferienorten ist die Verständigung auf Englisch oder Deutsch kein Problem.

Politik und Verwaltung

Seit dem 16. Jh. besteht eine Rivalität zwischen den beiden Hauptinseln Gran Canaria und Teneriffa, die zur Trennung in zwei Provinzen führte: Gran Canaria bildet gemeinsam mit Fuerteventura und Lanzarote die östliche Provinz »Las

Palmas de Gran Canaria«, die westliche Provinz »Santa Cruz de Teneriffe« umfasst neben Teneriffa noch La Palma, La Gomera und El Hierro. Der Regierungssitz der Kanarischen Region wechselt in jeder Legislaturperiode zwischen den beiden Provinzen.

Nach der Rückkehr Spaniens zur Demokratie – die ersten Wahlen zum kanarischen Parlament fanden 1983 statt – trat eine Separatistenbewegung auf, die aber bei den Wahlen immer unter 1 % der Stimmen blieb. Seit 1993 ist die *Coalición Canarias* Regierungspartei. Ihr Erfolg dokumentiert den Wunsch vieler Menschen nach Unabhängigkeit von spanischen Einflüssen.

Die Kanaren verfügen aber als autonome Region über mehr Unabhängigkeit (z.B. durch eine Freihandelszone und eigene Steuergesetze) als andere Regionen Spaniens.

Wirtschaft

Für die Landwirtschaft stellt die Entfernung zu den EU-Absatzmärkten einen erheblichen Kostennachteil dar. Hinzu kommt, dass die Banane, die 22 % der Agrarproduktion ausmacht, sich trotz EU-Subventionen nicht auf dem europäischen Markt gegen die erheblich billigere Konkurrenz aus Mittelamerika behaupten kann.

Die Globalisierung hat aber auch zur Verdrängung der kanarischen Produkte aus den heimischen Supermärkten geführt. Einen Aufschwung erlebten bisher nur der kanarische Wein (9000 ha Anbaufläche, davon 500 ha auf Gran Canaria), dank verbesserter Qualität, und die Blumenzucht.

Die Fischbestände in den Gewässern um die Kanaren gehen seit Jahren zurück, Verhandlungen mit Marokko um die Fangrechte in der Saharabank stocken. Quotenregelungen schränken die Fischer dazu in ihrer Arbeit ein.

Gran Canarias Wirtschaft ist heute fast vollständig vom Tourismus abhängig. Der Dienstleistungssektor trägt fast 70 % zum Bruttosozialprodukt der Insel bei, 72 % aller Einwohner sind dort beschäftigt. Mit wenigen Unterbrechungen stiegen die Urlauberzahlen beständig auf 3,4 Mio., davon knapp 750 000 aus Deutschland.

Mit der Weltwirtschaftskrise ging Ende 2008 die Zahl der Urlauber zurück. Die Arbeitslosenquote stieg bis auf 30 %. Inzwischen ist die Zahl der ausländischen Urlauber wieder gestiegen, die Urlauber vom spanischen Festland bleiben aber aus. Eine spürbare Entlastung auf dem Arbeitsmarkt hat es nicht gegeben. Alternativen zum Tourismus hat Gran Canaria nicht. Die Insel muss durch ein gutes Angebot weiter Urlauber für sich zu gewinnen.

Natur- und Umweltschutz

Gran Canarias Wälder fielen bis vor wenigen Jahrzehnten Landwirtschaft und Schiffsbau zum Opfer. Erst vor 25 Jahren gelang die Wende. Seither steht nahezu die Hälfte der Insel unter Naturschutz und wird aufgeforstet. Die UNESCO erklärt sie zum Biosphärenreservat.

Geschichte im Überblick

Ab 400 v. Chr. Vermutlich treffen die ersten Siedler auf den Kanarischen Inseln ein; die Einnahme des neuen Lebensraumes erfolgt wahrscheinlich in mehreren Wellen, von denen mindestens eine aus Nordafrika kommt. Die als Altkanarier oder Guanchen bezeichneten Ureinwohner leben bis ins 15. Jh. ungestört in ihrer Steinzeitkultur.

150 n. Chr. Ptolemäus legt den Nullmeridian an die westlichste Grenze der damals bekannten Welt durch die Kanarischen Inseln.

Um 1310 Genueser Kaufleute wie Lancilotto Malocello (nach dem Lanzarote benannt ist) entdecken die Inseln. In den folgenden Jahrzehnten laufen Portugiesen, Spanier und Mallorquiner wiederholte Male die Inselgruppe an, um Sklaven einzufangen.

1402–1496 Die Inseln werden nacheinander in zum Teil schweren Kämpfen, bei denen auch die Altkanarier Siege erringen, für Spanien erobert; Gran Canaria fällt 1483 nach fünfjähriger Belagerung durch Juan Rejón und Pedro de Vera.

1492 Christoph Kolumbus startet von der Nachbarinsel La Gomera aus zur Erkundung des Seewegs nach Indien und entdeckt die Neue Welt.

Um 1500 Zuckerrohr als erste Monokultur und erstes Agrarexportgut verschafft zunächst Kaufleuten aus Sevilla enorme Gewinne; die Arbeit wird von weißen und schwarzen Sklaven erledigt, Las Palmas entwickelt sich zum Sklavenmarkt. Ab 1554 geht die Zuckerrohrverarbeitung zurück, da die Konkurrenz durch die Antillen und Brasilien größer wird.

Ab 1543 Mit der Eroberung der Festung auf der Halbinsel Isleta beginnt eine Serie von Piratenüberfällen, die zwei Jahrhunderte währt. Franzosen, Briten, Niederländer und Berber kreuzen zwischen den Inseln. Die schwerste Attacke erleidet Las Palmas, das von dem holländischen Freibeuter van der Does mit 70 Schiffen und 10 000 Mann gestürmt und geplündert wird; Insulaner werden in die Sklaverei verschleppt. Zum Wasserfassen landen die niederländischen Piraten später erneut auf Gran Canaria. Der Küstenstreifen heißt seitdem »Playa del Inglés«, weil man die Eindringlinge damals für Engländer hielt.

Ab 1700 Die Armut zwingt immer wieder viele Kanarier, ihre Inseln zu verlassen.

1820 Las Palmas wird Hauptstadt.

1830 Die Massenzucht der Cochenillelaus, aus deren Larven ein begehrter roter Farbstoff gewonnen wird, bringt für kurze Zeit einen Aufschwung – mit der Erfindung der Anilinfarben ebbt der Boom wieder ab.

1852 Isabella II. erklärt die Kanaren zur Freihandelszone, um die Wirtschaft zu beleben; vor allem Werftindustrie und Handel profitieren davon.

1880 Briten führen Bananen in Monokultur auf dem Archipel ein, die noch heute – neben dem Gemüseanbau – die Landwirtschaft bestimmen.

1927 Die Kanaren werden in zwei nach den jeweiligen Hauptstädten benannte Provinzen aufgeteilt. Zu Las Palmas zählen neben Gran Canaria noch Lanzarote und Fuerteventura.

1936 Francisco Bahamonde Franco, damals Militärgouverneur der Kanarischen Inseln mit Sitz auf Teneriffa, zettelt am 17. Juli den Spanischen Bürgerkrieg an – bereits drei Tage später ist der Archipel in den Händen der Faschisten. Nach dreijährigem Bürgerkrieg errichtet Franco in Spanien eine Diktatur.

Um 1950 Die große Wirtschaftskrise nach dem Zweiten Weltkrieg führt zur jüngsten Auswanderungswelle. Kuba und Venezuela sind die bevorzugten Ziele der Auswanderer.

1956 Das erste Charterflugzeug landet auf Gran Canaria. Seitdem entwickelt sich der Tourismus zum wichtigsten Wirtschaftszweig.

1974 wird der internationale Flughafen Gando an der Ostküste eröffnet.

1978 Nach Francos Tod führt Spanien die Monarchie wieder ein und gibt sich eine neue Verfassung.

1982 Die Kanarischen Inseln erhalten den Autonomiestatus.

1983 finden die ersten Wahlen zum kanarischen Parlament statt.

1986 Beim EG-Beitritt Spaniens wird den Kanaren ein Sonderstatus eingeräumt.

Ureinwohner mit Hirtenstab

1991–2001 Gran Canaria wird Nutznießer des Sonderprogramms der EU für »ultraperiphere Regionen«. Es wird in die Infrastruktur und in ländliche Tourismusprojekte investiert.

2005 Gran Canarias Westen wird zum UNESCO-Biosphärenreservat »Xerocanaria« erklärt.

Ab 2005 Zigtausende afrikanische Wirtschaftsflüchtlinge versuchen die kanarischen Küsten mit dem Boot zu erreichen; viele kommen dabei ums Leben.

2007 Größter Waldbrand in der Geschichte Gran Canarias.

2010 Las Palmas wird als eine von fünf spanischen Bewerbern für den Titel der Europäischen Kulturhauptstadt 2016 nominiert.

2013 Dank stabiler Urlauberzahlen sind die Kanaren weniger von der spanischen Finanzkrise betroffen als das Festland.

Natur & Umwelt

Gran Canaria ist vulkanischen Ursprungs. Vor etwa 16 Mio. Jahren durchstießen unterseeische Vulkane die Meeresoberfläche und bildeten in vielen Millionen Jahren die fast kreisrunde Insel. Sie präsentiert heute eine erstaunlich große landschaftliche Vielfalt auf engstem Raum: schroffe Felsformationen, tiefe Schluchten und Krater im Inselinneren, ein fruchtbarer Küstensaum im Norden, sanfte Dünenlandschaft im Süden und eine bizarre Steilküste im Westen.

Die Insel ist tatsächlich, wie der deutsche Geologe Christian Leopold von Buch es im 19. Jh. treffend formulierte, »ein Kontinent im Kleinen«. Um ihn zu erhalten, hat das kanarische Parlament zahlreiche Gesetze erlassen: Fast die Hälfte der Inselfläche steht in 31 Zonen unter Naturschutz, 2005 wurde das Inselzentrum einschließlich des Westens zum UNESCO-Biosphärenreservat erklärt. Alternative Energien wie Wind- und Sonnenkraft sowie der sparsame Umgang mit Ressourcen werden gefördert, Grünanlagen weitgehend mit Brauchwasser versorgt.

Flora

Als Inselgruppe, die niemals eine Landverbindung besaß, konnten die Kanarischen Inseln eine Tier- und Pflanzenwelt entwickeln, die sich deutlich von Fauna und Flora der Kontinente unterscheidet. Vergleichbar ist sie nur mit anderen Inseln des sogenannten makaronesischen Raumes, zu dem die Kapverden, Madeira und die Azoren zählen.

Der Feigenkaktus – *tunera* genannt – ist ein typisches Gewächs der Insel

Um einer Fehleinschätzung gleich vorzubeugen: Prächtige Zierpflanzen wie Hibiskus oder Bougainvillea, zahlreiche Akazienarten oder die Weihnachtssterne, die die Hotelgärten schmücken, sind aus tropischen und subtropischen Ländern importiert. Die einheimischen Pflanzen sind weniger blüten-, aber nicht weniger artenreich. 785 Pflanzenarten wurden gezählt, fast 30 % davon sind endemisch, d.h. es gibt sie nur auf den Kanaren oder im makaronesischen Raum.

Strelizien sind ein Wahrzeichen der Kanaren

Die einheimischen Pflanzen haben besondere Fähigkeiten entwickelt, um in den unterschiedlichen Klimazonen Gran Canarias existieren zu können. In den trockenen, heißen Tiefenzonen bis 400 Höhenmeter bilden sie, um die Feuchtigkeitsabgabe zu minimieren, z.B. nur schmale Blätter, umgeben sich mit harten Hüllen (Verholzung) oder verwandeln ihre Feuchtigkeit in einen dicken Saft, die »Wolfsmilch« (Vorsicht: ätzend!). Wolfsmilchgewächse (Euphorbien) wie Säuleneuphorbien (span. *cardón cardonales*) oder *tabaiba*, wie Minibäume wirkende Büsche, sind typische Vertreter dieser Zone. Dazu gehört auch die Opuntie, ein aus Mexiko eingeführter Feigenkaktus, der auf Gran Canaria *tunera* genannt wird.

Von den feuchten Lorbeerwäldern *(Laurisilva)*, die vor der Eroberung weite Flächen der Insel bedeckten, sind nur wenige Quadratmeter im Nor-

SEITENBLICK

Kanarische Kiefer – ein Überlebenskünstler

Um auf Vulkaninseln mit Ausbrüchen und folgenden Feuern überleben zu können, hat die Kanarische Kiefer eine ganz besondere Eigenschaft entwickelt: Sie ist feuerresistent. Ihr harzreiches, hartes Kernholz übersteht Brände, weil es von einer dicken, mehrfach geschichteten Borke geschützt ist. Selbst wenn der Baum in einer Feuersbrunst alle Äste verloren hat, schlägt er im nächsten Jahr direkt am Stamm wieder aus. Die bis zu 30 cm langen, in Dreierbüscheln wachsenden Kiefernnadeln sorgen zudem für eine optimale Feuchtigkeitsaufnahme aus der Luft – das Wasser aus den Wolken tropft an den Nadeln ab. Dadurch wird auch die Umgebung ausreichend gewässert und der Grundwasserspiegel angehoben. Im Unterholz der Kiefernwälder gedeihen nur zwei Endemiten: *Amagantes,* eine Zistrose mit zartrosa Blüten, und *codeso,* eine Leguminose, die im Frühjahr leuchtend gelb blüht.

Die Kanareneidechse gibt es nur auf den Kanarischen Inseln

den geblieben. Hier findet man unter vier verschiedenen Lorbeerbaumarten auch den *laurel*, den Makaronesischen Lorbeer, dessen Blätter den Duft des Gewürzlorbeers verströmen. Die humusreichen Wälder wurden für die Gewinnung von Baumaterial, Holzkohle und Felder geopfert. Im Norden Gran Canarias haben aber Aufforstungsarbeiten begonnen.

Erst-! klassig Den besten Überblick über die Flora der Insel bietet der Jardín Canario › **S. 95** bei Las Palmas.

Fauna

Erst die gute Nachricht: Es gibt so gut wie keine gefährlichen Tiere auf Gran Canaria. Unterwegs in der Natur wird Besuchern außer Ziegen und Schafen allenfalls ein verirrter, ängstlicher Jagdhund begegnen. *Ciempiés*, 10 bis 20 cm lange Tausendfüßler, deren Biss giftig sein kann, verstecken sich vorzugsweise in abgelegenen heißen Gegenden unter Steinen.

Jetzt die schlechte Nachricht: Gran Canarias Tierwelt ist ausgesprochen artenarm. Die einzige Säugetierart, die nicht als Nutztier auf die Insel gebracht wurde, ist eine Fledermausart.

Den größten Teil der Inselfauna machen die Insekten aus. Im Frühjahr begleiten Schmetterlinge die Wanderer, kleine, wie die knallgelben Zitronenfalter, aber auch eindrucksvoll große wie der Monarch. Libellen schwirren in der Nähe der Stauseen, Grillen zirpen im Gebüsch, dort rascheln auch Eidechsen. In die Hotelzimmer verirrt sich manchmal ihr kleiner Verwandter, der Gecko – er ist ein nützlicher Mückenvertilger.

Vergeblich sucht man den bekannten bunten Kanarienvogel *(canario)* – er ist eine reine Züchtung. Auf der Insel lebt nur dessen Stammvater, der etwas weniger farben- und sangesfrohe Kanariengirlitz. Als »kanarische

Nachtigall« gilt vielmehr der Capriot, der sich ebenso wie etliche Raubvögel (Sperber, Turmfalke, Bussard, Afrikanischer Schmutzgeier) auf Gran Canaria wohlfühlt.

Unüberschaubar ist die Zahl der Meeresbewohner. Zur Freude der Schnorchler leben zahlreiche kleine bunte Fische längs der Felsenküsten, weiter außerhalb Schwertfische, Delfine, Wale und Meeresschildkröten sowie in der Tiefsee Haie.

Umwelt

Im Hinblick auf die Umweltqualität erreicht Gran Canaria Traumwerte. Der Regen ist nicht sauer, der Atlantik kaum verschmutzt. Als Indiz für gute Luft, die noch frei von Schwefeldioxyd ist, mag das Vorkommen von Flechtenarten gelten, die in Mitteleuropa längst verschwunden sind.

Aktiver Umweltschutz war für die von der Natur verwöhnten Kanarios lange Zeit ein Fremdwort. Aber nachdem steigende Touristenzahlen auch eine steigende Umweltbelastung durch Müllberge und Energieverbrauch mit sich brachte, hat sich das gewandelt. Zwar erfreuen sich Plastikflaschen nach wie vor großer Beliebtheit, die Zahl der Plastiktüten aber geht zurück und in anderen Fragen des Umweltschutzes sind die Kanarischen Inseln inzwischen Musterknaben.

Kunst & Kultur

Architektur

Bei Streifzügen und Wanderungen durch das Inselinnere stößt man immer wieder auf Natursteinhäuser, die ohne bindenden Mörtel errichtet wurden: Zwei Wände wurden aus Natursteinen konkav gegeneinander gebaut und der Zwischenraum mit Geröll gefüllt. Da solche Mauern im frostfreien Gran Canaria sogar Jahrhunderte überdauern, ist es gut möglich, dass dies schon der Baustil der Ureinwohner war, der in die Gegenwart hinübergerettet wurde.

Die Baumeister der vielen aus dem 16. Jh. erhaltenen Prachtbauten kamen jedoch aus Andalusien; sie sind auf den ersten Blick an den aus der Fassade ragenden maurischen Balkonen zu erkennen. Mauren waren auch die Schöpfer des Mudéjar-Stils. Aus religiösen Gründen waren den arabischen Künstlern einst figürliche Darstellungen verboten, sodass sie auf fantasievolle Ornamente und geometrische Muster auswichen. Auf den Kanaren sind in vielen Kirchen und *palacios* Holzarbeiten im Mudéjar-Stil als Deckenverkleidung zu bewundern.

In den 300 Jahre alten Kirchen und Palästen befinden sich auch zahlreiche Bilder und Altäre flämischer Meister des 16. und 17. Jhs. – die damals

Lucha Canaria

größeren Niederlande waren zu dieser Zeit Teil des Spanischen Reiches, und der durch Zuckerproduktion und Handel wohlhabend gewordene Adel konnte es sich leisten, Werke führender Künstler der damaligen Zeit zu importieren.

Malerei und Skulptur

An eigener schöpferischer Leistung hat die kanarische Kultur – bedingt durch die abgeschiedene Lage und die jahrhundertelange Armut der Bewohner – nur wenig vorzuweisen.

Eine Ausnahme sind die rätselhaften mehrfarbigen, geometrischen **Höhlenmalereien** der Cueva Pintada in Gáldar › **S. 118**.

Aus Las Palmas stammt **Néstor Martín Fernández de la Torre** (1887–1938), Gran Canarias berühmtester Maler der Moderne, dem seine Heimatstadt im Pueblo Canario in der Hauptstadt ein Museum › **S. 87** gewidmet hat. Von **José Luján Pérez** (1756–1816) aus Santa Maria de Guía, dem berühmtesten kanarischen Bildhauer seiner Zeit, stammen zahlreiche sakrale Skulpturen in den großen Kirchen und Kathedralen.

SEITENBLICK

Lucha Canaria

Einzigartige Sportarten auf den Kanarischen Inseln haben ihren Ursprung höchstwahrscheinlich bei den Altkanariern. Sie haben sich über die Jahrhunderte erhalten und sind heute populärer denn je.

Dazu gehören der *juego del palo,* ein Zweikampf mit langen Stöcken, der *salto del pastor,* ein wagemutiger Hirtensprung über unebenes Gelände, und insbesondere der *lucha canaria.* Dieser Ringkampf ist Volkssport der Kanaren: Zwei Mannschaften mit je zwölf Ringern treten hierbei in einer kreisrunden Sandarena gegeneinander an. Pro Kampf, der über drei Runden à je drei Minuten läuft, stehen sich zwei Ringer gegenüber; entschieden ist ein Kampf, wenn der Gegner mit einem anderen Körperteil als den Füßen den Boden berührt. In der ersten Jahreshälfte werden die Kämpfe der Ligen ausgetragen. Die der ersten Liga finden in Las Palmas im Estadio López Socas statt und werden im Fernsehen direkt übertragen. Als Traditionssport sind Showkämpfe Bestandteil jeder kanarischen Fiesta.

Auf jeder Fiesta sorgen Folkloregruppen für Stimmung

Kunsthandwerk

Von den Altkanariern blieben vor allem Keramiken erhalten. Terrakotta-Stempel *(pintaderas)* mit geometrischen Mustern benutzte man zum Bedrucken von Stoffen. Die traditionell von Frauen betriebene Töpferkunst weist deutliche Ähnlichkeiten mit der Keramik aus Nordafrika auf und dient deshalb auch als Beleg für eine Verwandtschaft zwischen nordafrikanischen Berbern und den Altkanariern: Ohne Töpferscheibe hergestellt – darum auch ohne »Fuß« –, sind diese Töpferwaren, z.B. Milchkrüge und *gofio*-Schüsseln, aus aufeinander gelegten Tonstreifen aufgebaut, verziert mit feinen, meist naiven, auch farbigen Ornamenten.

Nachbildungen, obgleich nicht billig, sind heute als Souvenir sehr gefragt. Gerade noch rechtzeitig bevor diese Technik ganz ausstarb, richtete die Inselregierung mit den letzten Keramikkünstlern eine Ausbildungsstätte ein, eine Werkstatt und einen Laden in La Atalaya › **S. 79**.

In der angeschlossenen Stickereischule wird auch diese Tradition aufrecht erhalten.

Musik

Keine kanarische Fiesta ohne Gitarren, Tamburin und Kastagnetten. Fiestas beginnen meist mit dem eher getragenen Rhythmus kanarischer Volksmusik und -tänze. Die traditionellen Lieder sind sehr beliebt, sie sind Teil der kanarischen Traditionen und Identität, modernere Einflüsse wurden von heimkehrenden Auswanderern aus Südamerika mitgebracht. Ab 23 Uhr beginnt dann der Tanz auf der Plaza mit Salsa und Mambo.

SPECIAL

Son y Salsa

Julio Iglesias hat nicht viele Fans auf Gran Canaria, Heavy Metal auch nicht. Schmalz und harte Klänge überlassen die Kanarier anderen – sie bevorzugen lateinamerikanische Rhythmen, die Rückkehrer aus der Karibik, Südamerika und Kuba mitgebracht haben.

Die bevorzugten Tanzstile

In Lateinamerika mischt sich die Musik dreier Kontinente: ruhige, einfache Rhythmen der Indianer, melodische Lieder der spanischen und portugiesischen Eroberer und stakkatoartige Trommelwirbel, wie sie die ehemaligen afrikanischen Sklaven im Stil ihrer Heimat praktizierten.

- **Salsa:** die kubanische Tanzmusik überhaupt, sehr rhythmisch und sehr schnell. In der Band dominieren Bläser.
- **Mambo:** der kubanische Klassiker und etwas betuliche Vorläufer der Salsa. Er war die beliebteste Tanzmusik bis Mitte der 1960er-Jahre. Gitarren und Rasseln harmonieren zwar – wie bei der Salsa – im selben Takt, aber der ist hier viel langsamer.
- **Merengue:** aus der Dominikanischen Republik, demonstriert seine afrikanischen Wurzeln mit vielen Trommlern, die einen schnellen zweitaktigen Rhythmus schlagen. Einfach und körpernah zu tanzen, eroberte er zunächst Venezuela; von dort schwappte die Merengue-Welle auf die Kanaren.
- **Cumbia:** ursprünglich aus Kolumbien; in Ecuador gesellte man den Trommeln Flöten bei und verlangsamte die afrikanischen Elemente derart, dass die ganze

Großfamilie mittanzen kann. Das macht sie so beliebt für die *noche del baile* auf der Plaza.

- **Son**: kommt ursprünglich aus Kuba. Seine ruhigen Rhythmen sind der ideale Hintergrund für Balladen, die von Liebe und Leid erzählen.

La Noche del Baile

Lateinamerikanische Hits sorgen auf jeder Fiesta für Stimmung. Unabhängig davon, wem die örtliche Fiesta gewidmet ist, dem Regen als Lebensspender oder der Schutzpatronin Nuestra Señora del Pino, zum Tanz am (Samstag-)Abend packen die Latinobands ihre Instrumente aus. Wer mitmachen will: Vor Mitternacht geht die Post nicht ab, und durchgehalten wird bis morgens um 5 Uhr. Höhepunkte der Salsa-Seligkeit sind natürlich die Tanzfeste im Karneval.

… und noch mehr Salsa

Auftrieb bekam die kanarische Salsaszene in den letzten Jahren durch kubanische Auswanderer; unter ihnen komplette Bands, die sich auf den warmen, spanischsprachigen und latinophilen Kanaren viel heimischer fühlen als auf dem in jeder Hinsicht kühleren europäischen Kontinent. Eigene Musikklubs und Diskos waren immer ihr Traum; im lebhaftesten Kneipenviertel von Las Palmas, zwischen Strand und Parque Santa Catalina, haben sie ihn wahr gemacht.

- **La Pequeña Habana**
  Hier kann man auch Salsaunterricht nehmen, donnerstags und freitags ab 21.30 Uhr wird unterrichtet, getanzt oder einfach nur zugeschaut.
  Calle Fernando Guanarteme 45
  35007 Las Palmas
- **O La Veguetita**
  Exzellenter Club mit kubanischen Flair.
  Plaza de las Ranas

Fiestas zum Mitfeiern

- Der **Karneval** im Februar/März findet zuerst in Las Palmas und Agüimes statt, danach in den Urlauberorten des Südens.
- Die **Fiesta de San Juan** wird im Juni in Las Palmas, Telde und Arucas gefeiert.
- Weiter geht es im Juli mit der **Fiesta del Carmen** in allen Hafenorten.
- In Agaete und Puerto de las Nieves folgt Anfang August die **Fiesta de la Rama.**
- Im September lohnen sich die **Fiesta de N.S. Señora del Pino** in Teror und die **Fiesta del Charco** in La Aldea de San Nicolás.
- Im November: Musikfestival **WOMAD** in Las Palmas.
- Eine große **Fiesta Latina** mit den bekanntesten Künstlern der Szene gibt es jeden Sommer in Las Palmas. Treten Stars wie 2009 Gloria Estefan auf, reicht selbst das Fußballstadion nicht, um alle Fans aufzunehmen.

Salsa zum Mitnehmen

Salsa, Merengue und Cumbia auf CD bekommt man überall in Las Palmas. Die größte Auswahl bietet das Kaufhaus **Corte Inglés** auf der Avenida Mesa y López (südlich des Parque Santa Catalina).

Feste & Veranstaltungen

Wie überall in spanischsprachigen Ländern feiert auch auf Gran Canaria jedes Dorf und jede Stadt seine spezielle Fiesta, meist am Namenstag des Schutzpatrons. Eine solche Fiesta dauert üblicherweise zwei Wochenenden samt der Woche dazwischen; eine Romería – eine Prozession mit geschmückten Wagen – und viel Knallerei, Folklorevorführungen, Essen, Trinken, Feuerwerk und Tanz auf der Plaza gehören immer dazu.

Erst-! klassig

Ein herausragendes Ereignis im Jahreslauf stellt der farbenfrohe und lautstarke Karneval dar, der sich – begünstigt durch die sommerlichen Temperaturen – immer auf den Straßen Gran Canarias abspielt. Zu wilden Salsa-Klängen, intoniert von Stadtteilkapellen, gibt es ein buntes Maskentreiben, angeführt von der tags zuvor gewählten Karnevalskönigin und begleitet von Böllerschüssen. Traditionell endet der Karneval mit der »Beerdigung der Sardine«, ein Brauch, der aus Südamerika auf die Kanaren kam: Eine riesige Sardine aus Pappmachee wird unter lautem Gejammer zu Grabe getragen.

Erst-! klassig

Kulturfestivals

- Im Januar/Februar finden beim **Festival der klassischen Musik** auch Weltpremieren neuer Musikstücke statt; www.festivaldecanarias.com.
- Freunde der klassischen Musik zieht es im Februar in das **Opern-Festival** im Auditorium Alfredo Kraus in Las Palmas.
- Im Frühjahr zeigt das **Filmfestival** (www.festivalcinelaspalmas.com) cineastische Highlights.
- Im Sommer locken das **Jazzfestival** (www.canariasjazz.com) und zahlreiche große **Konzerte** populärer Musik (von Rock bis Salsa) auf Open-Air-Bühnen Musikfreunde an.
- Die neuen Medien werden im Oktober beim **Internationalen Video- und Multimedia-Festival** gefeiert; www.canariasmediafest.org.

Festkalender

Januar: Am 6.1. bekommen die Kinder in Spanien ihre Weihnachtsgeschenke. In allen größeren Städten reiten bonbonwerfend »Los Reyes«, die **Heiligen Drei Könige**, ein.

Februar: Der genaue Termin des **Mandelblütenfestes** in Tejeda und Valsequillo wird je nach Blütenstand von den Gemeinderäten festgelegt. Auf diesen Festen werden traditionelle Handwerkskünste, Tänze und Sportarten vorgeführt.

Februar/März: Der **Karneval** auf Gran Canaria hat mehr von Rio als von Köln. Die ganze Nacht hindurch wird in fantasievollen Kostümen auf Straßen und Plätzen getanzt.

Juni: Straßenteppiche aus Blumen und farbigem Sand oder Salz bedecken an **Fronleichnam** (Corpus Cristi) die Plaza Santa Ana und die Straßen der Altstadt von Las Palmas sowie die Plaza Mayor in Arucas. Johannisfeuer

Die Romería in Teror ist eine farbenprächtige Fiesta

brennen am 24.6., dem **Tag des hl. Johannes** (San Juan) auf vielen Bergen, groß gefeiert wird in Telde, Las Palmas und Arucas.

Juli: Die Schutzpatronin der Fischer, die **hl. Carmen,** wird am 16.7. mit Schiffsprozessionen in allen Häfen gefeiert.

August: Am 4.8. findet in Agaete und seinem Hafen Puerto de las Nieves die **Bajada de la Rama** statt, die Prozession mit den Zweigen. Das Fest heidnischen Ursprungs symbolisiert die Bitte um Fruchtbarkeit und Regen. Tanzend tragen die Dorfbewohner Zweige aus den Bergen zum Meer, um dort das Wasser zu peitschen.

September: Inselfeiertag ist am 8.9., dem Tag der Schutzpatronin von Gran Canaria, der Virgen del Pino. Gläubige und Schaulustige versammeln sich zu Tausenden zur Prozession in Teror. Die Bürger von San Nicolás begehen am 10.9. ihre **Fiesta del Charco** (»Tümpelfest«). Bereits am Vorabend vergnügen sich die Feiernden vollständig bekleidet mit Schlammschlachten.

Oktober: La Naval, das »Fest des Meeres« in Las Palmas, erinnert am 6.10. an den Sieg über Sir Francis Drake und wird von den Einheimischen intensiv gefeiert.

Essen & Trinken

In den touristischen Gebieten servieren Restaurants fast jede Küche des Erdballs. Die einheimische, deftige Küche spielt hier keine große Rolle.

Typisch kanarisch

Eine typische, sehr beliebte **Vorspeise** ist *queso blanco*, ein frischer, milder Ziegenkäse, mit *jamón serrano* (luftgetrocknetem Schinken). Aus Santa Maria de Guía kommt der *queso de flor*, ein Käse aus Kuh- und Schafsmilch, dem Distelsaft beigefügt wird. Preiswert, sehr gehaltvoll und überall zu bekommen sind **Suppen und Eintöpfe** wie die *sopa de garbanzos* (Kichererbsensuppe). *Sancocho*, ein Fischeintopf, ist eine Spezialität, die es nur in echt kanarischen Fischlokalen an der Küste gibt. In die klassische Gemüsesuppe *puchero* kommt nicht nur viel Gemüse, sondern auch mehrere Fleischsorten. Dazu gibt es im Original *gofio* zum Andicken – die Nationalspeise der Kanarier wird aus geröstetem Korn hergestellt › **S. 105**.

Fleischgerichte werden oft als *carne de cerdo* oder *chuleta* angeboten – gegrilltes Schweineschnitzel oder Kotelett auf einer heißen Platte *(plancha)* gegart. Ein gutes kanarisches Restaurant serviert auch *cabrito* (Zicklein) und *conejo* (Kaninchen), meist *en salsa* (mit Soße) als Ragout. Die **Beilagen** zu Fleisch und Fisch sind fast immer *papas arrugadas:* ungeschälte, gut gereinigte Kartoffeln werden so lange in Salzwasser gekocht, bis das Wasser verdunstet ist und sich eine Salzkruste auf den Kartoffeln abgesetzt hat; meist isst man die *papas* komplett mit Schale. Zu Kartoffeln und Fisch wird *mojo verde*, eine grüne Soße, gereicht, zu Fleisch die rote, schärfere Variante *mojo rojo* (aus Knoblauch, Chili, Essig und Olivenöl).

Ein typisches **Dessert** ist *bienmesabe*, eine Creme aus Mandeln, Eigelb und Honig.

Erst-! klassig

Die besten kanarischen Restaurants

- Das **Ca'cho Daiman** (●) in Las Palmas, León y Castillo 26, ist ein einfaches Speiselokal mit ausgezeichnetem, preiswertem Essen; hier essen die Angestellten der Umgebung.
- Das große, schlichte, familiär geführte **Rincón Canario** in Playa del Àguila lockt mit einer Terrasse zum Meer, guter Küche und täglich wechselndem Menü › **S. 56**.
- **La Casa Vieja** ist ein rustikales, großes Restaurant mit verglaster Terrasse und offenem Grill. Im Süden an der Landstraße von San Fernando nach Fataga › **S. 58**.
- Mehrfach als Sieger im Wettbewerb der Restaurants wurde das **El Oroval** in Agüimes ausgezeichnet › **S. 106**.
- Im **El Refugio** am Cruz de Tejeda kommen die Spezialitäten des Inselzentrums auf den Tisch, z.B. Lamm mit Gemüse › **S. 132**.

Papas arrugadas und Gofio machen ein kanarisches Gericht aus

Getränke

Neben den herzhaften, manchmal auch schweren Inselweinen, die aus Bandama, Monte Lentiscal und Fataga stammen, wird auf Gran Canaria ein leichtes Bier gebraut – die Marke heißt *Tropical.*

Lecker und vitaminreich sind die fast überall angebotenen, frisch gepressten Fruchtsäfte aus Orangen *(naranja),* Mango oder Papaya. Von ausgezeichneter Qualität ist das Mineralwasser *(agua mineral)* der Marke *Firgas.*

Tapas – Typischer Imbiss

In der Bar essen Spanier *tapas* – kleine pikante Gerichte, die sich der Gast am Tresen aussucht. *Tapa* bedeutet »Deckel« – der Name geht auf den Brauch zurück, ein Glas Wein in der Bar mit einem Tellerchen abzudecken, damit keine Fliegen hineinfallen. Da lag es nahe, etwas Herzhaftes auf den Teller zu legen – ein Stück Käse oder Wurst. Mit der Zeit wurde das *tapas*-Angebot vielfältiger, von Fleisch über Fisch bis hin zu Salaten. Beliebt sind: *carne en salsa* (Fleisch in scharfer Soße), *ensaladilla* (Kartoffelsalat mit Mayonnaise) und *boquerones* (Sardellenfilets).

SEITENBLICK

Wo bekommt man was?

Der *kiosco* verkauft keine Zeitungen, sondern Kaffee, Erfrischungen und höchstens mal ein *bocadillo* (belegtes Brötchen). Der *kiosco* ist der Treffpunkt zum Schwätzchen – was auch für die *bar* gilt, die schon tagsüber gut besucht ist (und meist gegen 23 Uhr schließt). Fast alle Getränke werden hier angeboten, aber als Speisen gibt es nur *tapas* (kleine Häppchen). *Restaurantes* sind mit unseren gutbürgerlichen Gaststätten vergleichbar; die rustikalere Variante mit Holzbänken heißt *parrilla* (Grill).

TOP-TOUREN AUF GRAN CANARIA

Der Jachthafen von
Puerto de Mogán

Der Süden

Das Beste!

- **Durch die atemberaubende Dünenlandschaft** von Maspalomas streifen › S. 52
- **Eine Bootstour** entlang der Küste machen › S. 52
- **Dörfer wie aus vergangenen Zeiten** in den Schluchten des Südens besuchen › S. 53
- **Den Sonnenuntergang** am Leuchtturm von Maspalomas genießen › S. 59
- **Sich beim Bummel** durch Puerto de Mogán wie in Venedig fühlen › S. 69

› Karte
S. 50/51

Gegensätze pur: Hier im Süden gibt es Traumstrände in Hülle und Fülle, ein umfangreiches Sportangebot und nächtliches Partyleben. Wer sich ins bergige Hinterland begibt, wird mit Einsamkeit, ursprünglichen Dörfern und grüner Landschaft belohnt.

Da ist es, das Gran Canaria wie man es aus dem Ferienkatalog kennt: Kilometerlange Strände unter strahlender Sonne, Dünen und Lagunen, klares Atlantikwasser, Hotelhochhäuser und Apartmentanlagen mit üppigen Gärten und schicken Pools. Mehr als 3 Mio. Touristen verbrachten 2008 hier ihren Urlaub. Für die expansive Tourismusentwicklung im Süden gibt es außer der »Schönwettergarantie« viele gute Gründe: Strandgänger finden Auslauf und Badefreunde sauberes Wasser, Segler und Surfer steife Brisen; für Jachtbesitzer gibt es Sporthäfen und für geplagte Eltern den »Aqua Park«. Abenteurer zieht's in die wilden Schluchten des Hinterlandes. Für jeden Anspruch und jeden Geldbeutel findet sich das Passende.

Bei der Fahrt entlang der Südküste sucht man vergebens nach einer Altstadt oder einer allmählich gewachsenen Siedlung. Außer den einst armseligen Fischerdörfern Arguineguín und Puerto de Mogán gab es vor 50 Jahren keinen Ort an dieser Küste, war der Süden das Armenhaus. Dann begann zunächst im Gebiet der Gemeinde San Bartolomé de Tirajana, zu dem die großen Strände und Dünen gehören, der Bau der Urlaubsorte bis zu ihren heutigen Dimensionen. Von Bahía Felíz bis Meloneras sind sie unter dem Namen Costa Canaria zusammengefasst. Die Nachbargemeinde Mogán mit Strandbuchten am Ende der Schluchten zog nach; als Costa Mogán wirbt sie für den Küstenabschnitt Arguineguín bis Puerto de Mogán. Nach der Fertigstellung der ersten Hotels 1962 in San Agustín wurde die gesamte Region zu einer der größten touristischen Zonen Europas ausgebaut, Maspalomas und Playa del Inglés folgten. Neuere Siedlungen sind Meloneras an der Costa Canaria und Amadores mit seinem künstlich angelegten Traumstrand an der Costa Mogán. Die Orte bedienen unterschiedliche Urlauberwünsche: Puerto Rico zieht Sportler an, San Agustín ist der Ort für Familien und ältere Gäste, in Meloneras logiert das elegante Publikum und Playa del Inglés wird von Pauschalurlaubern mit Faible für das üppige Nachtleben gebucht.

Hinter den Urlaubsorten hat sich wenig verändert. Nur wenige Kilometer von Playa del Inglés und Puerto de Mogán entfernt, beginnt eine fast unberührte Bergwelt. Schluchten wie Canyons, Felsen und Berggipfel wie Zinnen und strahlend weiße kleine, seit Jahrzehnten kaum veränderte Dörfer. Gran Canarias Süden hat neben Sonne und Strand mehr zu bieten.

Durch die Dünen von Maspalomas zu wandern, ist ein unvergessliches Erlebnis

Playa del Risco
El Risco
Tamadaba
1444
Lugarejos
Pinos de Gald
1368
Parque Natural de Tamadaba
Mirador del Balcón
Punta de la Aldea
Puerto de Aldea
Playa de la Aldea
Artenara
GC-210
Altavista 1376
Acusa
Embalse de San Nicolás
Embalse de El Parralillo
Cueva del Rey
1412
Tejed
La Aldea de San Nicolás
Embalse de Siberio
Embalse Caídero de la Niña
El Carrizal
El Chorillo
Roque Bentayga
La Solana
GC-200
El Juncal
Playas de Güigüi
14
Mirador de Tasartico
Degollada de Aldea
Montaña de Sandara
1578
1434
Morro Pajonales
GC-605
Tasartico
Barranco de Tasartico
Tasarte
Los Azulejos
Embalse de Soría
Embalse de Chira
13
Veneguera
Soría
Barranco de Tasarte
Montaña de Tauro
1226
Barranquillo Andrés
7
Mogán
Barranco de Veneguera
1193
Santidad
GC-200
Playa de Tasarte
Barranco de Mogán
Cerrado de Espino
Pilancone
Playa de Veneguera
Palmitos Park
12
Puerto de Mogán
Playa de Taurito
Playa de Taurito
5
Tauro
GC-1
Barranco de Arguineguín
9
Playa del Tauro
Playa del Cura
Playa de los Amadores
11
Puerto Rico
GC-500
Patalavaca
10
Arguineguín
Pasito Blanco
Playa de las Meloner
0
5 km
N

Touren im Süden

Tour 4

Streifzug durch die Dünen

Paseo Costa Canaria in Playa del Inglés › Informationsbüro des Naturschutzgebietes › Dünen › Strand von Maspalomas › Paseo Costa Canaria

Tour 5

Im Glasbodenboot: von Bucht zu Bucht

Playa del Inglés › Arguineguín › Puerto Rico › Puerto de Mogán › Playa del Inglés

Tour 6

Wilde Schluchten im Süden

Playa del Inglés › Arteara › Fataga › Santa Lucía › La Fortaleza › Playa del Inglés

Tour 7

In die Bergwelt des Tauromassivs

Playa del Inglés › Barranco de Arguineguín › Soría › Barranquillo Andrés › Montaña de Tauro › Barranco de Mogán › Puerto de Mogán › Playa del Inglés

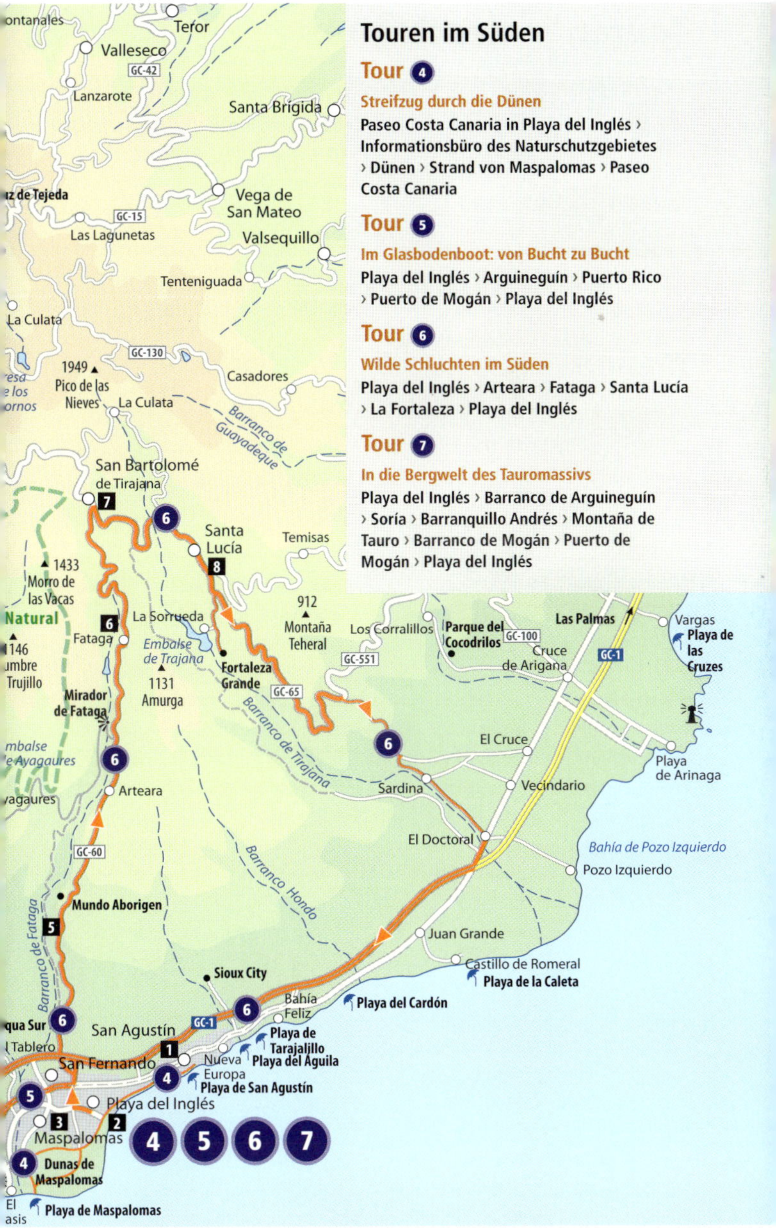

Touren in der Region

Tour 4 Streifzug durch die Dünen

Tour-Übersicht:

Verlauf: **Paseo Costa Canaria in Playa del Inglés › Informationsbüro des Naturschutzgebietes › Dünen › Strand von Maspalomas › Paseo Costa Canaria**

Distanz: Spaziergang von ca. 7 km, etwa 2,5 Stunden reine Gehzeit.

Praktische Hinweise:

- Es empfiehlt sich für ein Picknick in den Dünen Proviant einzupacken oder für einen längeren Badeaufenthalt Handtuch, Sonnenschutz und viel Wasser mitzunehmen.

Tour-Start:

Der Spaziergang durch die eindrucksvolle Dünenlandschaft startet am Paseo Costa Canaria in Playa del Inglés auf Höhe des Parkplatzes Granada. Von hier geht es auf der Promenade entlang der ****Dünen** › **S. 58** nach Süden. Kurz bevor man die Südspitze erreicht, macht der Weg einen Zick-Zack-Schwenk nach unten. Über diesen Weg kommt man zu dem herrlichen **Aussichtsplatz** am Südzipfel. Es folgt ein Besuch im nebenan liegenden **Informationszentrum** › **S. 57** mit einer Ausstellung zu Dünen und Naturschutz sowie Infomaterial (auf Deutsch) und einer Karte. Auf dem Sendero Nr. 3 (auf Pflöcken ausgeschildert) führt die Tour durch die bis zu 20 m hohen Dünen bis an den **schönsten Strandabschnitt.** Für den Rückweg bietet sich der Bus ab Station Faro Maspalomas an.

Tour 5 Im Glasbodenboot: von Bucht zu Bucht

Tour-Übersicht:

Verlauf: **Playa del Inglés › Arguineguín › Puerto Rico › Puerto de Mogán › Playa del Inglés**

Distanz: etwa 20 km per Glasbodenboot, Rückfahrt etwa 30 km per Bus.

Praktische Hinweise:

- Die Tickets gibt es direkt am Hafen bei den Anlegern von Lineas Salmon bzw. Lineas Blue Bird. Sie kosten – je nach Ziel – zwischen 6 und 11 € für die einfache Strecke; Kinder unter 4 Jahren fahren umsonst.
- Von Puerto de Mogán kann man mit dem Bus nach Playa del Inglés zurückfahren, was deutlich günstiger ist.
- In Arguineguín und in Puerto de Mogán gibt es gute Fischlokale.

Tour-Start:

Eine andere Möglichkeit, die Küste zu erkunden als per Bus oder Pkw, ist die Fahrt mit einem Glasbodenboot. Mit dem Bus geht es von Playa del Inglés nach **Arguineguín** › **S. 65**. Im dortigen Hafen starten alle

30 Minuten Boote, die über **Puerto Rico** › S. 66 nach ****Puerto de Mogán** › S. 69 fahren. In dem als »Klein-Venedig« bekannten Ort kann man herrlich durch Gassen und am Hafen entlang schlendern.

Tour 6 Wilde Schluchten im Süden

Tour-Übersicht:

Verlauf: **Playa del Inglés › Arteara › Fataga › Santa Lucía › La Fortaleza › Playa del Inglés**

Distanz: 70 km, reine Fahrtzeit 2 Stunden

Praktische Hinweise:

- Die Tour lässt sich am besten mit einem Mietwagen bewerkstelligen.
- Unterwegs finden sich zahlreiche schöne Plätzchen für ein Picknick oder man kehrt in eines der urigen Lokale in Fataga bzw. Santa Lucía ein.

Tour-Start:

Für alle, die genug vom Trubel in den Küstenorten haben, bietet sich diese Tour ins grüne Hinterland an. Von Playa del Inglés geht es über San Fernado auf der GC 60 vorbei am Themenpark **Mundo Aborigen** › S. 19, der mit originalgetreuen Nachbildungen die Lebensweise der Altkanarier darstellt, in den **Barranco de Fataga** › S. 61.

Stopps lohnen sich am Aussichtsplatz, am Schluchteingang und in **Arteara**, einem Dorf inmitten von Obstgärten; hier sind auch Kamelausritte möglich. Weiter geht die Fahrt auf der Landstraße hinauf in das zauberhafte Dorf **Fataga** › S. 62, das mit seinen verwinkelten Gassen zu einem Rundgang einlädt. Kurz vor San Bartolomé beginnt der **Barranco de Tirajana**, eine der spektakulärsten Schluchten der Insel.

Rund 2 km hinter **Santa Lucía** › S. 63 bietet sich ein Abstecher nach Fortaleza Grande, Zufluchtstätte der Ureinwohner und zum Stausee Embalse de Tirajana, an.

Tour 7 In die Bergwelt des Tauromassivs

Tour-Übersicht:

Verlauf: **Playa del Inglés › Barranco de Arguineguín › Soría › Barranquillo Andrés › Montaña de Tauro › Barranco de Mogán › Puerto de Mogán › Playa del Inglés**

Distanz: 103 km, reine Fahrtzeit 4 Stunden

Praktische Hinweise:

- Der Tagesausflug ist nur mit einem Pkw zu machen. Die Straßen sind zwar gut ausgebaut, aber stellenweise sehr kurvig, sodass genügend Zeit eingeplant werden muss. Für die kühleren Höhenlagen eine Jacke in den Wagen legen.
- An der Montaña de Tauro bietet sich eine schöne Wanderung › S. 65 an – hierfür genügend Proviant, Wasser und Sonnenschutz mitnehmen.

Tour-Start:

Dieser Ausflug in die herrliche Bergwelt des Südwestens führt von Playa del Inglés über die Autovía nach Arguinguín. Hier beginnt die Straße in den **Barranco de Arguineguín** › **S. 64**. Zuerst geht es durch fruchtbare Landschaften, vorbei an den Dörfern **Cercado de Espino** und **La Filipina,** dann steigt die Straße an und windet sich in zahlreichen Kurven durch die gebirgige Landschaft. Die Tour führt durch das kleine Dorf **Baranquillo Andrés** bis nach **Soría** an der Staumauer des gleichnamigen Stausees. Das Restaurant **Casa Fernando** lohnt einen Besuch, sehenswert sind dort an den Wänden die Fotos aus vergangenen Zeiten.

Um noch weiter in die Berge vorzudingen, geht es ein Stück zurück bis **Baranquillo Andrés** und dort rechts die schmale, steile Asphaltstraße hinauf.

Oben auf der Höhe liegt der Zugang zu einer schönen Wanderung › **S. 65** auf den Gipfel der **Montaña de Tauro,** die sich links der Straße erhebt.

Danach dem kleinen Sträßchen in Fahrtrichtung durch die einsame Bergwelt folgen. An der Straßengabelung nach links Richtung **Mogán** abbiegen und weiter durch die Flächengemeinde bis zum gleichnamigen Hafen ****Puerto de Mogán** › **S. 69**. Der reizvolle Ort ist auch als »Klein-Venedig« bekannt – also unbedingt hinfahren!

Unterwegs im Süden

San Agustín 1

Von Beginn an war San Agustín, die Keimzelle des Tourismus im Inselsüden, für den gehobenen Standard geplant. Das merkt man dem Ort an, wenngleich er in die Jahre gekommen ist. Die meisten Apartmentanlagen besitzen große, gepflegte Gärten.

Die Küstenstraße teilt San Agustín in einen am Meer gelegenen unteren und einen am Hang gelegenen oberen Teil; letzterer bietet den schöneren Ausblick auf die Bucht. Man schaut bis zu den weißen Dünen von Maspalomas. Der **graue Sandstrand** vor dem Ortszentrum ist auch für Kinder gut geeignet. San Agustín bietet darüber hinaus ein Wellnesszentrum im Hotel Gloria Palace und zahlreiche Sportmöglichkeiten; man kann hier segeln, Tennis spielen, reiten und mehr. Für Spaziergänger sind die grünen Zonen und die Promenade ausgebaut und für den leichteren Zugang sind Rampen für Rollstuhlfahrer angelegt worden. Auch fehlt hier der ganz große Trubel.

Info

Touristeninformation

Kompetente deutschsprachige Beratung, Orts- und Inselpläne sowie Infomaterial über das Freizeitangebot in der Region.

- Centro Comercial El Portón
- Calle Retama 2 (am Kreisverkehr)
- Tel. 928 76 92 62
- Mo–Fr 9–16 Uhr, im Winter Do geschl.

Hotels

Gloria Palace San Agustín ●●
Komfortables Hotel mit einem der großen Thalasso-Therapiezentren und Sportangebot. Im Katalog günstiger.

- Margaritas
- Tel. 928 12 85 00
- www.gloriapalaceth.com

Meliá Tamarindos ●●●
Luxushotel mit 250 Zimmern/Suiten und Garten, direkt am Strand. Hier befindet sich auch das Casino des Südens.

- Las Retamas 3
- Tel. 928 77 40 90 | Fax 928 77 40 91
- www.solmelia.com

Restaurants

El Capitán ●–●●
Direkt am Strand gelegen mit umfangreicher Speisekarte – viele Fischgerichte.

- Tel. 928 76 02 25
- Tgl. 11–23 Uhr

Gorbea ●●–●●●
Französische und baskische Küche in Vollendung auf der Dachterrasse des Hotels Gloria Palace.

- Tel. 928 76 83 00
- Mo–Sa 18–24 Uhr

Playa del Águila und Bahía Felíz

Östlich von San Agustín liegen die beiden kleinen Ferienorte Playa del Águila und Bahía Felíz, die eigentlich nur für Surfer interessant sind. Das vergleichsweise kleine **Playa del Águila** mit Apartmentanlagen, Ferienhäusern und einem geschützten Strand, der sich aber nur bei Ebbe in seiner ganzen Breite zeigt, ist für Urlauber geeignet, die es ruhig lieben. An der Bucht liegt die Surfschule der Familie Dunkerbeck. Die dänischen Geschwister Britt und Björn haben die Weltmeistertitel der Windsurfer fast schon abonniert – schließlich liegt ihr Trainingsrevier direkt vor der Haustür. Der gleichmäßige Nordostpassat schafft ideale Voraussetzungen auch für geübte Anfänger.

Bezaubernder Pool im Gloria Palace

Wie eine große Ferienanlage wirkt **Bahía Felíz** an der etwas steinigen Playa de Tarajalillo mit einem Viersternehotel, Bungalows und modernen Apartments, die in erster Linie ein junges Publikum ansprechen sollen. Auch hier finden Surfer tolle Bedingungen.

Aktivitäten

Surf Center Dunkerbeck

Die Surfschule bietet Kurse für alle Level, natürlich mit Materialverleih. Zur Surfschule gehört die Bungalowanlage Side Shore, im Stil eines Dorfes gehalten. Die schmuck gestaltete Anlage bietet einen Pool und das Restaurant Drop Inn (●●).

- Plaza Los Hibiscus 2
- Tel. 928 76 29 58 | Fax 928 76 29 78
- www.sideshore-es.com

Surfschule Mistral

Am Strand von Bahía Felíz mitten in einem guten Surfrevier für Anfänger und Fortgeschrittene. Kurse, Ausflüge zu Starkwindrevieren und Materialverleih.

- Playa de Tarajalillo
- Tel. 928 15 71 58
- Tgl. 9.30–17.30 Uhr
- www.club-mistral.com

Zwischenstopp: **Restaurant**

Rincón Canario ●

Erst-! klassig

Familiär geführtes Lokal mit guter kanarischer Küche und täglich wechselndem Menü; Terrasse zum Meer.

- Am Ende der Plaza los Hibiscus
- Tgl. 11–23 Uhr

Playa del Inglés 2

Das größte Touristenzentrum des Südens bietet für jeden Geschmack und Geldbeutel etwas: 350 Lokale und Restaurants, 250 Apartmentanlagen, 50 Diskos und 20 Großhotels. Attraktion des Ortes aber ist der lange, helle **Sandstrand,** der sich über 8,4 km an einer ausgedehnten Dünenzone vorbei bis zum Leuchtturm von Maspalomas erstreckt. Nur wenige hundert Meter von den Hauptzugängen verlieren sich selbst 100 000 gleichzeitig sonnenbadende Urlauber.

Dem Ort sieht man seine Entstehungsgeschichte an: Mitte der 1960er-Jahre galten Hochhaussiedlungen als Zeichen für Modernität. Playa del Inglés hat daher die Merkmale einer Trabantenstadt: breite Straßenzüge, im Zentrum hohe Bebauung, wenig Grün und – neben vielen kleinen – drei riesige Einkaufszentren *(centro comercial, CC).*

Das älteste unter ihnen, die **Kasbah** (Avda. de España), hat sich ein eigenwilliges Flair erhalten. Die beiden anderen aber, **Yumbo** und **Cita,**

SEITENBLICK

Costa Canaria

Die Costa Canaria, die von Bahía Felíz bis Puerto Rico die Südküste wie eine Sichel umschließt, ist das touristische Zentrum Gran Canarias.

Hierfür ist besonders die klimatische Begünstigung des Südens verantwortlich, denn das knapp 2000 m hohe Bergmassiv im Inselinnern bildet eine Wetterscheide: Die vom Passat herangeführten Wolkenmassen stauen sich dort und bescheren dem Norden regelmäßig Niederschläge. Der Süden dagegen geht leer aus und lockt dafür mit Sonne im Überfluss.

Grenzen an die Playa del Inglés an: die Dunas de Maspalomas

sind einfallslose Betonburgen und wären in einer deutschen Großstadt dem baldigen Abriss geweiht. Abends mutieren sie zur Flaniermeile mit Diskos und deutschen Kneipen, in denen man Königsberger Klopse und Erdbeertorte bekommt.

In den Randzonen geht es ruhiger zu, die Bebauung ist flacher, und in der Nähe der Dünen herrschen Villenviertel vor. Die Haupturlauberzone, die Südspitze, wirkt, gemessen an der Gesamtgröße Gran Canarias, beinahe winzig. Wer einige Tage ausschließlich dem Strandleben und dem Bummeln durch Einkaufszentren gefrönt hat und danach Abwechslung sucht, kann in weniger als einer halben Stunde mit dem Bus oder Mietwagen eine der menschenleeren Schluchten erreichen.

Info

Centro Insular de Turismo

Dem Informationszentrum ist eine Ausstellung der Kunsthandwerker Gran Canarias angeschlossen. Die Stücke können Sie in allen Läden der FEDAC, › S. 138 kaufen.

- Avenida de España (neben dem Yumbo-Einkaufszentrum)
- Tel. 928 77 15 50 | Fax 928 76 78 48
- Mo–Fr 9–14, 15–20, Sa 9–13 Uhr
- www.grancanaria.com

Anexo 2

- am Hauptzugang zum Strand

Informationszentrum Naturreservat Dünen von Maspalomas

- Mirador
- Zu erreichen durch die Unterführung im Hotel RIU Palace Maspalomas, Plaza Fuerteventura, oder über den Paseo Costa Canaria.

Hotels

Parque Tropical ●●

Modernes, im kanarischen Stil gebautes Haus, relativ ruhig, mit schönem Garten und Badeanlagen.

- Avda. de Italia 2
- Tel. 928 77 40 12 | Fax 928 76 81 37
- www.hotelparquetropical.com

Buenaventura Hotel ●
Gutes Mittelklassehotel mit jungem Publikum und großem Freizeit- sowie Sportangebot. Subtropischer Garten, mehrere Lokale.

- Plaza de Ansite
- Tel. 928 76 16 50 | Fax 928 76 34 50
- www.lopesanhotels.com

Restaurants

Bali ●●
Köstlichkeiten aus Indonesien als willkommene Abwechslung zur kanarischen Küche.

- Avda. de Tirajana 23/Ecke Avda. de Bonn
- Tel. 928 76 32 61
- Di–So 12.30–24 Uhr

La Casa Vieja ●●
Rustikales, großes Restaurant mit verglaster Terrasse und offenem Grill. Gute, große Karte mit kanarischer Küche der Saison.

- an der Landstraße von San Fernando nach Fataga Nr. 139
- Tel. 928 76 27 36
- Tgl. 13–24 Uhr

Nightlife

Playa del Inglés hat sich mit seinen 50 Diskos und Nachtclubs zum Partyzentrum der Insel entwickelt. Vor dem Besuch trifft man sich zur Happy Hour in Bars entlang der Strandpromenade, später zum Essen, dann geht's weiter ins **CC Kasbah** (Av. de Tenerife). Auf der Bühne seiner Plaza gibt es jeden Abend Live-Musik.
Auch die In-Diskos **Garage** und **Pachá** befinden sich hier.
Zum Magneten der Schwulenszene wird am Abend das **CC Jumbo** (Av. de Estados Unidos 54) mit Bars und Diskos für Gays und Drags.

Shopping

Mittwochs und samstags stehen auf dem Gelände der Markthalle – dem *mercado* – hunderte von Ständen mit Flohmarktartikeln. Bekleidung und Lederwaren bieten in den Einkaufszentren überwiegend marokkanische Händler an; bei ihnen gehört Handeln zum guten Ton.

Maspalomas 3

In dem direkt an Playa del Inglés im Westen anschließenden, aber gut zehn Jahre jüngeren Maspalomas herrschen einstöckige Apartmenthäuser vor in teilweise wunderschön angelegten Gärten mit Pool. Um sich vom Nachbarort abzusetzen, wurde ein ländlicher Stil mit

SEITENBLICK

Die **Dünen von Maspalomas

Sie sind zweifellos die größte Attraktion der Costa Canaria: die Dünen von Maspalomas. Die bis zu 20 m hohen, afrikanisch anmutenden Sandberge erstrecken sich in einem 4 km² großen Gebiet bis hin zum 56 m hohen und über hundert Jahre alten Leuchtturm *(faro)*.

Die Strände im Naturschutzgebiet – bitte die Markierungen beachten! – werden teilweise für FKK genutzt. Ein Spaziergang zum Informationszentrum des Naturschutzgebietes und durch die Dünen ist auf › S. 52 beschrieben.

2

Ein Wahrzeichen der Insel ist der Leuchtturm in Maspalomas

vielen Grünflächen und einem 18-Loch-Golfplatz favorisiert, was allerdings auch längere Wege mit sich bringt. Wer die Bauherren waren, lässt sich unschwer an den Straßennamen ablesen: Man wohnt wahlweise in den Avenidas Touropa, TUI, Neckermann oder Tjæreborg. Zum Strand- und Dünengebiet führt ein Fußweg entlang der **Oasis de Maspalomas.** Der Palmenhain liegt an einem flachen See, der **Charca de Maspalomas,** der sowohl von Süßwasser (aus der Schlucht) als auch von Salzwasser (aus dem Meer) gespeist wird und vielen Vogelarten als Nist- und Rastplatz dient. Der 56 m hohe **Leuchtturm** ist ein Wahrzeichen des Ortes.

Bus

Die zentrale Busstation des Südens – »Faro de Maspalomas« – befindet sich vor dem Leuchtturm an der Zufahrtsstraße.

Unterkunft

Oasis Maspalomas ●–●●

Die Apartmenthäuser (6–18 Wohneinheiten, mit Terrasse oder Balkon) zeichnen sich durch ihre sehr gute Lage aus, nah am Strand und am Charco de Maspalomas. Einige Häuser sind total renoviert, andere noch nicht.

- Avenida del Oasis
- Tel. 928 14 19 52
- www.oasismaspalomas.com

Hotel Palm Beach ●●●

Großes Vier-Sterne-Designhotel im Palmenhain hinter dem Strand; im Stil der 1970er-Jahre eingerichtet; mit Spa und zwei Tennisplätzen.

- Avda. del Oasis
- Tel. 928 14 08 06 | Fax 928 14 18 08
- www.seaside-hotels.com

Restaurants

Im CC Oasis haben sich mehr Terrassenrestaurants als Geschäfte etabliert. Nicht viel anders sieht die Lage auf dem

Boulevard Faro in Richtung Meloneras aus. Den **Erst-! klassig** schönsten Blick auf Meer, Strand und Leuchtturm aber hat man von der Terrasse des Restaurants im Hotel IFA Faro.

Shopping

Erst-! klassig Zuchtperlen von Perla Canaria bekommt man in mehreren Verkaufsstellen, so z.B. im CC Yumbo in Playa del Inglés und CC Oasis Beach in Meloneras (tgl. 10–22 Uhr).

Meloneras 4

Westlich des Leuchtturms von Maspalomas, der Gran Canarias Südspitze markiert, wurde nach der Jahrtausendwende ein Luxusresort erbaut: An der Küste reihen sich Vier- und Fünf-Sterne-Hotels mit mehreren tausend Betten aneinander, die Architektur ist verspielt und feudal. In zweiter und dritter Strandlinie entstanden ein Kongresszentrum sowie Apartmentanlagen und Villen für Gran Canarias begüterte Schichten. Einziges Manko: Es fehlt ein ausreichend großer Sandstrand, denn der von Meloneras ist recht klein. Die Urlauber sind darauf angewiesen, zum Strand von Maspalomas zu gehen oder sich mit den Poollandschaften ihrer Hotels zu begnügen.

Dafür gibt es die attraktive, mit Palmen bestandene Uferpromenade **Boulevard del Faro** mit zahlreichen Geschäften und Restaurants. Sie führt vom Faro am Dünenstrand von Maspalomas bis zur Playa de las Meloneras. Eines nicht mehr fernen Tages soll sie bis zum Jachthafen von Pasito Blanco verlängert werden. Aber schon jetzt wird sie jeden Abend nicht nur von den Gästen der anliegenden Hotels, sondern auch von Urlaubern aus Maspalomas und Playa del Inglés bevölkert.

SEITENBLICK

Klasse statt Masse – Wege des Tourismus

Die Politik der kanarischen Regierung, in der es für den wichtigsten Wirtschaftszweig einen Tourismusminister gibt, hat mit den Hotels von Meloneras einen weiteren riesigen Schritt in Richtung eines qualitativ hochwertigen Tourismus gemacht. »Klasse statt Masse«, heißt das Konzept, nach dem gehandelt wird. Denn für neue Hotels gibt es vor allem eine Auflage: nicht unter vier Sternen. Die dafür passenden Einrichtungen wie Golfplätze sind schon gebaut. Eine Folge dieser Entwicklung ist die Verschiebung der Urlauberschwerpunkte nach Westen. Denn neu gebaut wird da, wo noch Platz ist, und nicht in bestehenden Zentren. Die Luxushotels von Meloneras sind selbstverständlich eine (besser gerüstete) Konkurrenz zu den Luxushotels in Maspalomas. Wenn nicht auch im Südosten kräftig investiert wird – die Entscheidung für einen Jachthafen in Bahía Felíz wird seit Jahren vertagt – können sich die dortigen Anlagen auf eine Flaute einstellen. In Playa del Águila wurden bereits Hotels und Apartmentanlagen in Eigentumswohnungen umgewandelt.

Hotels

Gran Hotel Costa Meloneras ●●●
Die turmbekrönten Seitenflügel des schlossartigen Hotels umgeben einen Garten, der zur Meerseite hin offen ist und dessen Pool direkt ins Meer überzugehen scheint. Das Hotel verfügt über fünf Restaurants, ein Kino sowie ein Internetcafé. Pauschal erheblich günstiger!

- Calle Mar Mediterráneo 1
- Tel. 928 12 81 00 | Fax 928 12 81 22
- www.lopesan.com

Gran Hotel Villa del Conde ●●●
Das Fünf-Sterne-Hotel ist eine feudalkanarische Fantasiestadt. Das Eingangsgebäude ist von außen der Kathedrale von Agüimes nachempfunden. Die terrassenförmig angelegten, zum Meer hin sich öffnenden Plazas und Patios werden von palastartigen Häusern gesäumt. Dazwischen eine kitschige Badeanlage – aber Spaß macht es trotzdem, sich hier aufzuhalten. Pauschal erheblich günstiger!

- Tel. 928 56 32 00
- www.lopesan.com

Barranco de Fataga 5

Schon nach kurzer Fahrt in das Tal, das im Hinterland von Playa del Inglés beginnt, wird die Landschaft grüner, Plantagen voller tropischer Früchte erstrecken sich im Talgrund, Palmen mit langen, windzerzausten Wedeln wachsen am Wegesrand.

Vor Arteara informiert das Freilichtmuseum **Mundo Aborigen** › **S. 19** anschaulich über Lebensweise, Totenbräuche und Kult der Altkanarier. Auch überlieferte Sportarten wie Stockfechten und *Lucha Canaria* › **S. 38** werden demonstriert. Ein Stopp lohnt sich am Aussichtplatz **Mirador de Fataga** am Schluchteingang. Er bietet einen weiten Blick zurück bis auf die Dünen von Maspalomas und nach vorn in die wie ein amerikanischer Canyon wirkende Schlucht, über der das Dorf **Fataga** › **S. 62** zu schweben scheint. Nur wenig weiter schieben sich die goldfarbenen Felswände mit breiten, säulenartigen Basaltbändern zusammen und es geht hinauf und am Dorf Arteara wieder hinunter.

Barranco de Fataga

Das Dorf **Arteara** wird leicht übersehen und das ist schade, denn es liegt in einem erstaunlich fruchtbaren Talgrund inmitten von Obstgärten. Dazwischen liegen Gemüsebeete rund um Bauernhäuser; Tafeln informieren über das traditionelle Dorfleben. Am Ende der Dorfstraße steht das **Informationszentrum Parque Arqueológico de Ar-**

Kleine Gasse in Fataga

teara zum hier beginnenden altkanarischen Gräberfeld. Es ist zurzeit geschlossen; Rundgänge mit Schautafeln sind ausgeschildert. Allerdings ist für den ungeübten Betrachter im Geröllfeld nicht viel zu erkennen.

Kamelausritte bietet am Ortseingang der **Camello Safari Park La Barranda** (Tel. 928 79 86 80) an. Auf dem großen Gelände gibt es einen Park mit vielen Tieren: Papageien, Esel, Kaninchen und selbstverständlich Kamele sowie ein Café/Restaurant. Tgl. 9–18 Uhr, Eintritt in den Park 3 €, Kamelausritte von 20 bis 32 €.

Fataga 6

Der Ort wurde auf einen in die Schlucht ragenden Felsen gebaut, damit die landwirtschaftliche Nutzung des Bodens nicht verloren ging. Ab Januar schmücken zarte Aprikosenblüten die Umgebung. Selbst ohne kunsthistorische Sehenswürdigkeiten bezaubert er mit seinen idyllischen kleinen Gassen, die immer wieder wunderschöne Ausblicke freigeben. Autos müssen draußen bleiben.

Erstklass

Freunde moderner Kunst pilgern zur **Galería de Arte,** in der Friedhelm Berghorn seine expressiven Bilder ausstellt (Diaz 8, Tel. 696 63 31 23, So–Fr 10–19 Uhr, www.galeria-de-arte.com); die Galerie bietet auch Workshops an.

Zwischenstopp: **Restaurant**

Molino del Agua ●
Uriges Restaurant oberhalb von Fataga in einem weitläufigen Gelände mit Kinderspielplatz, Plantagen und Bauernhof. Man sitzt innen oder unter freiem Himmel auf Palmenhockern und genießt kanarische Bauernküche.

Shopping

- In der Gasse Los Reyes werden Brot und leckere süße Teilchen noch im mit Mandelholz befeuerten Ofen gebacken.
- Im Juni sind die Aprikosen reif – unbedingt zugreifen. Dann gibt es auch die große Fiesta del Albaricoque.

Erstklass

San Bartolomé de Tirajana 7

An der Grenze zum zentralen Bergland liegt die Kreisstadt für die gesamte Costa Canaria. Hier, in diesem ehemals armen Bergdorf, fielen alle Entscheidung für den Ausbau der Touristenzone. Heute gehört

San Bartolomé de Tirajana zu den reichsten Gemeinden der Insel. Sehenswert ist die hübsche **Plaza** mit hohen Bäumen. Sie wird vom den wichtigsten Gebäuden, dem Rathaus im klassizistischen Stil und der erst 100 Jahre alten Pfarrkirche Santiago flankiert. Viele Elemente der typischen kanarischen Bauweise, wie die Kassettendecke im Inneren, zieren die Kirche.

Die Früchte des im Ort betriebenen intensiven Obstanbaus werden zu einem nicht unbeträchtlichen Teil in kleinen Destillen zu Hochprozentigem gebrannt.

Kurz vor dem Ort sind ein Hotel und ein **Mirador** (Aussichtspunkt) ausgeschildert.

Hotel

Hotel rural Las Tirajanas ●

st-! assig

Großes Haus im eleganten Landhausstil. Herrliche Terrassen, Restaurant, Garten, SPA und Tennisplätze.

- Calle Oficial Mayor José Rubio s/n
- Tel. 928 56 52 63
- www.hotel-lastirajanas.com

Info

Touristinformation

- Calle los Reyes Católicos
- Tel. 928 12 73 78
- Mo–Fr 9–16 Uhr, im Winter Do geschl.

Santa Lucía 8

Das zentrale Dorf wirkt mit blühenden Gärten und Palmengruppen besonders harmonisch. Ex-Bürgermeister Vicente Sánchez Araña war ein begeisterter Sammler. Was er entdeckte, ist im eigens gebauten, burgähnlichen Haus, dem Volkskundemuseum **Castillo de la Fortaleza**, ausgestellt. Es zeigt neben Exponaten des bäuerlichen Lebens sowie der Flora und Fauna auch Zeugnisse der vorspanischen Bewohner: Mumien ebenso wie Keramik (direkt an der Landstraße, tgl. 9–17 Uhr, Eintritt 2 €).

Zwischenstopp: **Restaurants**

Hao ●

Das weitläufige Grill- und Gartenlokal mit inseltypischen Gerichten, direkt hin-

Santa Lucia liegt in dem üppig-grünen Barranco de Tirajana

ter dem Volkskundemuseum gelegen, lädt zum Entdecken der kanarischen Küche ein.

- Los Alamos
- Tgl. 11–18 Uhr

Café Panaderia Santa Lucia de Tunte ●

Erst-! klassig Die traditionelle Bäckerei lockt zu einer süßen Pause mit Mandeltorte und Wein aus der Gegend.

- Calle los Reyes Católicos 12
- 7–13 und 15–19 Uhr

Ausflug in den Barranco de Tirajana

Zwei Kilometer östlich von Santa Lucía zweigt eine Nebenstraße nach **La Sorruda** und **La Fortaleza Grande** ab. An der Gabelung geht es nach links weiter.

Wenn man durch das herrliche Tal fährt, erreicht man einen Aussichtsplatz (ausgeschildert) oberhalb des Stausees **Embalse de Tirajana** und ganz am Ende den Parkplatz an **La Fortaleza de Ansite:** ein Felsmassiv voller Höhlen, das sich aus dem Talgrund erhebt. Es gilt als die letzte Zufluchtstätte der Altkanarier in der Region. Auf einem Pfad kann man bis zur ersten beeindruckenden Höhle steigen.

Mit seinen Palmenhainen vor steilen Felswänden und unveränderten erhaltenen kanarischen Höfen und Dörfern ist der Barranco de Tirajana Erst-! klassig zweifellos eine der idyllischsten Schluchten der Insel. Auf der Landstraße GC 65 kann man ihn von Santa Lucía bis zur Küste durchfahren; es gibt auch zahlreiche Wandermöglichkeiten.

Barranco de Arguineguín 9

Am östlichen Ortsrand von Arguineguín bahnt sich eine der großen Schluchten von der Küste zum Inselzentrum. Am oberen Ende sorgen zwei Staudämme dafür, dass hier ganzjährig Landwirtschaft betrieben werden kann. Die Landstraße GC 505 führt hinauf bis zur Talsperre von Soria; dort kann man ein ganz anderes Gran Canaria als an den Küsten kennenlernen.

Der Talgrund ist auf den ersten Kilometern breit und wird für Gemüseanbau genutzt. Nach etwa neun Kilometern verengt er sich, die Felswände rücken zusammen. Erst hier oben liegen die winzigen Dörfer wie **Cercado de Espino** mit einer kleinen hübschen Plaza, Bars und einem Restaurant.

Je höher die gut ausgebaute Straße einen bringt, umso dramatischer verändert sich die Umgebung. Schon bald fährt man in Serpentinen durch eine Hochgebirgslandschaft. Das Bergdorf **Barranquillo Andrés** wird passiert, bis die Straße in **Soria** auf Höhe des Restaurants Casa Fernando endet. Von hier führt nur ein schmales ungesichertes Sträßchen den Hang hinauf, das nur für Geländewagen geeignet ist. In Soria lohnt sich ein Gang auf die Staumauer oder um den See herum. Der 1971 errichtete Stausee war noch nie ganz gefüllt, da es auf dieser Seite des Gebirges zu wenig regnet. Eine Pause kann man im einzigen Lokal einlegen; den Ortsplan auf der Restaurantterrasse darf man nicht ernst nehmen – er ist das Fantasieprodukt eines Fliesenkünstlers.

Zwischenstopp: **Restaurant**

Casa Fernando ●
Urige Bar mit Speiselokal und großer Terrasse. Innen hängen schöne alte Fotos von der Schlucht vor dem Bau des Staudamms. Kanarische Küche.
▮ Tel. 928 17 23 46

st-! assig

Wanderung auf die Montaña de Tauro

Einmal hier oben lohnt sich für alle, die gut zu Fuß sind und passendes Schuhwerk dabei haben, eine etwa 5 km lange Wanderung auf die Montaña del Tauro, den Gipfel des Bergmassivs, der sich im Westen über Soria erhebt. In Barranquillo Andrés die schmale steile Asphaltstraße hinauffahren; oben angekommen, liegt der Zugang zur Wanderung gleich links am Weg: Der deutlich erkennbare Pfad führt nach oben. Er ist durch lockeres Gesteinsmaterial streckenweise rutschig und schraubt sich in Kehren zum breiten Gipfelplateau. Kurz vor der Hochebene zweigt ein Pfad nach links ab, der ganz zum Gipfel hinaufführt. Auf dem Gipfelplateau befinden sich Reste einer Kultstätte der Altkanarier. Der *tagoror,* ein runder, gepflasterter Versammlungsplatz, ist gut zu erkennen.

Arguineguín 10

Westlich von Meloneras beginnt nicht nur das Gemeindegebiet von Mogán, auch die Landschaft verändert sich. Nicht mehr lange, helle Strände bestimmen das Landschaftsbild, sondern Steilküsten und viele kleinere, geschützte Buchten im Windschatten des Passats.

Badebucht Anfi del Mar

Das **Hafenstädtchen** ist eine der ältesten Siedlungen im Süden. Der Tourismus findet außerhalb, an der Küste entlang nach Westen statt. Die Lineas Salmon und Blue Bird, zwei regelmäßige Fährverbindungen nach Puerto Rico und Puerto Mogán, fahren mit **Glasbodenbooten** vom Hafen aus und haben Arguineguín einen lebhaften Tagestourismus beschert. Wer schon einmal hier ist, sollte die Gelegenheit nutzen und in eines der vielen Fischrestaurants einkehren.

Obwohl es in dieser Zone keine langen Strände gibt, haben im Vorort **Patalavaca** Nobelhotelketten ihre Bauten an die Steilküste geklebt. Vor dem sich anschließenden **Anfi del Mar** hat die Gemeinde einen schönen und vor allem am Wochenende sehr beliebten hellen Sandstrand anlegen lassen. Die schöne mit Palmen geschmückte Promenade wird von Restaurants und Läden eingerahmt. Im Sporthafen legen nicht nur die Fähren an, sondern hier starten auch Tauchgänge und Segelkurse.

Fährschiffe

Alle 30 Minuten starten Glasbodenboote im Linienverkehr ganz am Ende des Hafens, Tickets gibt es vor Ort. Fahrtziele sind Anfi del Mar, Puerto Rico und Puerto de Mogán. Fahrpreis je nach Ziel 6–11 € für die einfache Strecke, Kinder bis zu 4 Jahren frei.

Zwischenstopp: **Restaurant**

Confradia de Pescadores ●
Ganz in der Nähe der Fähranleger liegt das große einfache Restaurant der Fischergenossenschaft. Die Fischer landen hier nicht nur ihren Fang an, sondern bereiten ihn auch gleich ganz frisch zu.

Erst-! klassig

▮ Mi–Mo 10–23 Uhr

Shopping

Am CC Ancora findet jeden Dienstag von 8 bis 14 Uhr ein sehr beliebter Markt statt.

Erst-! klassig

Puerto Rico 11

Der Ort ist die kleinere, sportliche Variante zum 20 km entfernten Playa del Inglés. Apartmentanlagen ziehen sich an den Steilwänden einer Schlucht hinauf, die eine halb-

Ein umfangreiches Sportangebot bieten die

runde Bucht mit hellem Sand umschließt. Gleich zwei Häfen sind hier ansässig: der **Puerto Base,** der Sport- und Jachthafen, und der **Puerto Escala,** von dem Surfer, Taucher und Sportsegler starten – er ist Spaniens Leistungszentrum für Segler und eine Medaillenschmiede.

Der Strand in der Bucht ist immer sehr voll, deshalb hat die Gemeinde für das neue Urlauberzentrum **Amadores** einen eigenen, sehr schönen, fast weißen **Traumstrand** angelegt: In herrlichem Türkis leuchtet das Wasser, Molen schützen vor der Brandung. Vom Hafen Puerto Escala verläuft ein schön geführter, 2,3 km langer **Klippenweg** hinüber zu den neuen Luxusherbergen mit zahlreichen Wellnessangeboten.

Ferienanlagen in Puerto Rico

Info

Touristeninformation

- im Ortszentrum (gegenüber Busbhf.)
- Tel. 928 56 00 29 | Fax 928 56 10 50
- Mo–Fr 9.30–14.30, 17–19, Sa 9.30–14.30 Uhr

Apartment

Aparthotel Puerto Azul ●

Hier gibt es viel für's Geld: geräumige Apartments, große Außenanlage mit Sportplätzen, Kinderprogramm und eine schöne Aussicht auf Ort und Küste.

- Avenida la Cornisa
- Tel. 928 56 05 91
- www.hotelpuertoazul.net

Hotel

Gloria Palace Royal ●●●

Nur 200 m vom herrlichen Strand entfernt liegt das aus Naturstein errichtete Luxushotel. Weitläufige Außenanlagen, spektakulärer Poollandschaft und attraktiver Spa-Bereich.

- Amadores | Calle Tamara 1
- Tel. 928 12 85 05
- www.gloriapalaceth.com

Restaurants

Die meisten Lokale liegen an der Promenade und im Centro Comercial. Original kanarische Küche serviert dort:

Balcón Canario ●

Preiswertes, rustikales Restaurant im Einkaufszentrum Puerto Rico.

- Tel. 928 15 90 17
- Mo–Sa 11–23 Uhr

Aktivitäten

- Puerto Rico ist ein Zentrum des Wassersports. Eine der populärsten Sport-

› Karte S. 50/51

An der Playa de Taurito sorgt eine große Poollandschaft für Abwechslung

arten ist das Hochseeangeln. Pfeilschnelle Boote fahren ab Puerto Base vier bis zehn Angler hinaus in die fischreichen Reviere zwischen den Inseln, in denen man auch Delfine beobachten kann. In den Wintermonaten wird vornehmlich Thunfisch gefangen, im Sommer Marlin und Schwertfisch. Die Profis von Puerto Rico schreiben sich 34 Weltrekorde im Hochseeangeln zu.

- Im Hafen Puerto Escala gibt es die meisten Anbieter für Segler, Surfer und Taucher.

Sail & Surf Overschmidt
- Tel./Fax 928 56 52 92
- www.segelschule-grancanaria.de

Top Diving
- Tel. 928 56 06 09
- www.topdiving.net

SEITENBLICK

Delfin in Sicht

Ab dem Hafen Puerto Base bieten zahlreiche Ausflugsschiffe etwa zweistündige Fahrten zu den Delfinbänken weit vor der Küste an.

Hier wurden insgesamt schon 26 verschiedene Wal- und Delfinarten beobachtet, darunter sogar Buckelwale; eine Garantie, bei einer solchen Fahrt auch wirklich Delfine zu sehen, gibt es allerdings nicht.

Die Playas del Cura, del Tauro und Taurito

Zwischen Puerto Rico und Puerto de Mogán liegen mit der Playa del Cura und der Playa de Taurito zwei weitere Buchten, deren Talbett und Hänge mit Apartmentanlagen und Hotels bebaut sind. Dazwischen befindet sich die noch weitgehend unbebaute **Playa del Tauro.** Hier gab es einen großen Campingplatz, der bis auf einen kleinen Rest im Beginn der Schlucht weichen musste › S. 27. Noch ist die Playa del Tauro nicht bebaut, aber die Autobahn führt bereits hierher und kurz hinter dem Strand rahmen Villen einen neuen Golfplatz ein. Die schlichtere **Playa del Cura** hat einen größeren Strand und ein eigenes *Centro Comercial.*

Nobel, ganz in Blau und Weiß gehalten und mit viel Marmor präsentiert sich die Bucht **Playa de Taurito,** eine der jüngeren Feriensiedlungen am gleichnamigen feinsandigen Strand. Obwohl der Strand und die Badeanlage schon jetzt gut ausgelastet sind, entstehen die Hänge hinauf weitere Apartmenthäuser. Die aufwändig gestalteten Badeanlagen mit diversen (Meerwasser-)Pools, Wasserfällen und Hängebrücken sind jedermann zugänglich – eine Vorleistung der Gemeinde für Hotels und deren Kundschaft (tgl. 10 bis 18 Uhr; Eintritt Kinder 5€, Erwachsene 11€). 6000 Gästebetten sollen insgesamt um den Strand entstehen.

**Puerto de Mogán 12

3

Am Endpunkt der streckenweise atemberaubenden Küstenstraße im Süden Gran Canarias liegt dieses Schmuckstück kanarischer Tourismuspolitik.

Erst-! klassig

Wo sich noch vor 30 Jahren alte Männer am Kai trafen, um vergangenen Zeiten nachzuhängen, verläuft heute die viel befahrene Hauptstraße. Kleine Kanäle und Gassen werden von geschwungenen Brückchen überspannt; sie haben der Ferienanlage von Puerto de Mogán den Namen »Klein-Venedig« eingebracht. Freundliche zweistöckige Häuser im lokaltypischen Stil mit bunten Tür- und Fensterrahmen sowie schmiedeeisernen Balkonen säumen Kai und Promenade. Die vierstöckige Hafenmeisterei überragt als Turm das stimmungsvolle Städtchen.

Der neue **Hafen** schiebt sich weit ins Meer hinaus, sodass zahlreiche

Der malerische Hafen von Puerto de Mogán

Liegeplätze für moderne Hochseejachten entstanden. Um ihn herum sind Apartments und zahlreiche Cafés und Bars angesiedelt. Täglich schlendern Tagesausflügler durch die romantischen Gassen, erfreuen sich an Kaskaden von Farben sprühenden Bougainvilleen, Springbrunnen und hübschen Boutiquen oder genießen den Blick auf die im Hafenbecken vertäuten Jachten bei Kaffee und Eis. Durch ein Flussbett ist die hübsche Siedlung vom Strand getrennt.

Viele Besuchter wagen sogar eine Fahrt mit der **Yellow Submarine.** In das knallgelbe U-Boot wurde ein Glasboden eingesetzt, durch den sich faszinierende Blicke auf Fische und Meerespflanzen eröffnen (Abfahrt stdl. 10–17 Uhr im Hafen von Puerto de Mogán; Tel. 928 56 51 08).

Leider finden die wenigsten Besucher den Weg in den **alten Ortskern.** Das ist schade, zumal auch das alte Fischerdorf Puerto de Mogán vom Reichtum der neuen Ära profitiert hat. hat. Die dem hl. Anton von Padua geweihte Kirche wurde schon 1814 erbaut. Und jenseits der Bucht trifft man sogar noch auf ein Stück unverbautes Gran Canaria mit urigen Bauernhäusern.

Bus

Busstation im Ortsteil Playa hinter dem Strand. In kurzem Abstand fahren Busse in Richtung Playa del Inglés. Die Schlucht hinauf nach Mogán und nach Westen gibt es nur wenige Verbindungen täglich.

Aparthotel

La Venecia de Canarias ●–●●
Wer mitten im romantisch angehauchten, neuen Hafenviertel wohnen möchte, kann sich hier einmieten. Die im Landhausstil eingerichteten Apartments verfügen über eine Dachterrasse.

- Avenida El Castillete
- Tel. 982 56 56 00 | Fax 928 56 57 14
- www.laveneciadecanarias.net

Das gelbe U-Boot taucht im Hafen von Puerto de Mogán ab

Hotel

Cordial Mogán Playa ●●–●●●

Das palastartige Hotel liegt 200 m vom Strand entfernt im Talbett. Grandios ist die von einer Glaskuppel überwölbte Lobby mit Grotten und Wasserspielen. Die eleganten Zimmer sind in mediterranen Farben gehalten. Pool-Garten, Wellness- & Spa-Bereich; bekanntes Restaurant Los Guayres. Angebote im Internet.

- Avenida de los Marrero 2
- Tel. 928 72 41 00
- Fax 928 72 41 01
- www.cordialcanarias.com

Restaurants

Restaurante de Cofradía de Pescadores de Mogán ●●

Im Lokal der Vereinigung der Fischer am äußeren Hafendock werden Fisch und Meeresfrüchte fangfrisch auf vielerlei Weise zubereitet. Große Terrasse, schöner Blick über den Hafen.

- Tgl. 11–23 Uhr

Puerto Grill ●●

Hier hat man die Wahl zwischen Fischplatte oder Tapas-Teller (u.a. mit Muscheln, Krebsfleisch, Calamares, Langostinos), Schinken vom Marlin oder Thunfischroulade.

- Am Fischerhafen][Tel. 928 56 52 38
- www.puertogrill.com

Tu Casa ●

st-! assig

Schönes altes Haus am Strand mit Patio und breiter Terrasse. Vorzügliche Küche mit italienischem Einschlag, flott-freundlicher Service.

- Av. de las Artes
- Tel. 928 56 50 78
- Tgl. 11–23 Uhr

Aparthotel La Venecia de Canarias

Aktivitäten

Wassersport steht im Vordergrund. Auf der den Hafen schützenden großen Mole kann man sich bei den Anbietern über Angeltouren, Ausflugsfahrten und Tauchkurse informieren.

Sail & Surf Overschmidt

Anerkannte Ausbildungsstätte in Puerto Rico und Puerto de Mogán.

- Tel./Fax 928 56 52 92
- www.segelschule-grancanaria.de

Shopping

Jeden Freitag (9–14 Uhr) ist Markt hinter dem Strand von Puerto de Mogán.

Veneguera 13

Das unverändert stille Dorf liegt umgeben von Obstplantagen und Palmen wunderschön am Fuß des des 929 m hohen Roque Pernal und am Eingang zur gleichnamigen **Schlucht**. Sie zählt zweifellos zu den

Gemüseplantagen prägen das Bild des Barranco de Tasartico

schönsten Flecken Gran Canarias und an ihrem Ende bilden feinsandige Strände gute Badeplätze – noch ohne Bebauung!

Die Straße hinunter, im Dorf mit *Playa* ausgeschildert, ist jedoch nur wenige Kilometer asphaltiert. Danach geht es nur mit einem geländegängigen Wagen weiter. Steile Wände begrenzen die Schluchten, auf ihrem Grund wachsen meterhohes wildes Schilfrohr und Palmen. Sogar kleine Plantagen hat man hier und da angelegt, in denen Bananen, Papayas und Zitrusfrüchte gedeihen. Nach langem Schlittern über Bachkiesel erreicht man dann endlich das Meer.

Weniger paradiesisch stellte sich die Landschaft für jene Menschen dar, die einst vom Ertrag des schmalen Landstreifens leben mussten, den die Schluchten ihnen boten. Überall sieht man verlassene Höfe und brachliegende Terrassen.

Zwischenstopp: **Restaurant**

Nicht direkt in Veneguera, sondern an der Landstraße zwischen Mogán und Puerto de la Aldea, liegt bei km 97 **Grill Las Cañadas** (●) mitten in der Landschaft; es ist gleichzeitig Aussichtsrestaurant, Museum und Minitierpark. Hier bekommt man frisch gepresste Saftmischungen und preiswerte traditionelle Küche.

Erst-klass

▮ Tgl. 9–21, Fr/Sa bis 24 Uhr

Die Barrancos de Tasarte und Tasartico

Die beiden Schluchten liegen nordwestlich von Veneguera mitten im größten zusammenhängenden Naturschutzgebiet der Insel. Der **Barranco de Tasarte** kann in puncto Schönheit nicht ganz mithalten mit dem Barranco de Veneguera – Plantagen unter Folien dominieren das Bild. Seine Serpentinenstraße zum dunklen Kiesstrand sind dafür durchgehend asphaltiert. An der Playa de Tasarte erwartet das **Fischlokal La Oliva** (Di–So 9–18 Uhr) Ruhe liebende Gäste.

Der sich anschließende rund 12 km lange **Barranco de Tasartico** wirkt mit seinen hohen Palmen im oberen Bereich besonders malerisch und bietet tolle Aussichten auf die Bergwelt. Die Abfahrt zweigt am Pass **Degollada de Aldea** ab. Sie ist bis zum gleichnamigen Dorf asphaltiert, danach geht es nur mit dem Jeep weiter.

Weiter als bis zum Dorf lohnt sich die Kurverei nur für diejenigen, die die etwas anstrengende Wanderung › **S. 74** zu den Stränden von **Güigüi** machen wollen.

Playas de Güigüi 14

Eine der schönsten Strandgruppen der Insel, zwei Naturstrände von 300 bzw. 700 m Länge, mit dunklem feinem Sand, versteckt sich in einem Naturschutzgebiet – und wird deshalb auch natürlich bleiben. 2009 hatten Sturm und Wogen einen großen Teil des Sandes fort getragen, aber vermutlich werden sie ihn auch wieder herantragen. Bei Ebbe sind beide Strände verbunden, bei Flut getrennt.

Die Strände sind zu Fuß über eine anstrengende, lange Wanderung von Tasartico aus zu erreichen. Die bequemere, aber auch teurere Alternative ist, von Puerto de Mogán mit einem Ausflugsboot hierher zu kommen – trotzdem sind die Strände meist menschenleer.

Wanderung zu den Playas de Güigüi

Die anstrengende, 11 km lange Tour überwindet 870 Höhenmeter und ist nur für erfahrene Wanderer mit guter Kondition geeignet. Die reine Gehzeit beträgt hin- und zurück 5–6 Stunden. Am besten frühzeitig

SEITENBLICK

Einsamkeit im Südwesten

Der Südwesten Gran Canarias ist bis auf wenige Dörfer in den Schluchten nahezu unbewohnt. Die grandiose Landschaft hinter **Mogán,** die an der gezackten westlichen Steilküste bei **Puerto de la Aldea** endet, steht bis auf den Strand von Veneguera unter Naturschutz. Der Blick fällt auf schier endlose goldfarbene, graue und rote Steilhänge, am Berghang **Los Azulejos** mit grünen Verfärbungen – ein deutlicher Hinweis auf die Oxidation des Eisens im Stein. Auf den Höhen behauptet sich die Kanarische Kiefer, weiter unten nur die Trockenheit gewohnten *tabaibas* (Säuleneuphorbien), Opuntien (Feigenkakteen) und Palmen. Die meisten Höfe sind verlassen, die Terrassenmauern verfallen. Am Straßenrand werden häufig die Produkte der Gegend zum Kauf angeboten: Papayas, Avocados, Mangos und Guaven. Wer auf abenteuerlichen Pisten in die Schluchten hinunterfahren möchte, benötigt einen geländegängigen Wagen, am besten einen Jeep. Für alle anderen Straßen reicht ein normaler Pkw.

› Karte
S. 50/51

Einsame Playas de Güigüi

losgehen; bevor man aufbricht, sollte man sich über die Zeiten von Ebbe und Flut informieren. Bei ablaufenden Wasser nicht ins Meer gehen; vor der Flut muss man am Ankunftsstrand sein. Wanderstiefel und eine Kopfbedeckung sind unerlässlich; auf jeden Fall auch Verpflegung und ausreichend Wasser mitnehmen – auch für den Rückweg.

Mit dem Auto fährt man etwa einen Kilometer auf einer Piste in Richtung Bucht. Dort stellt man den Wagen ab. Der Wanderpfad ist mit einem beschrifteten Holzpfahl am rechten Pistenrand markiert. Dem Pfad folgen, der recht moderat beginnt und dann steiler ansteigt.

Zunächst führt der mit aufgesprühten Pfeilen markierte Weg auf der rechten Hangseite an einer kleinen Schlucht entlang und wechselt später auf die linke Seite. Im Zickzack erklettert man die erste Etappe. Der Bergeinschnitt *Degollada de Aguas Sabina* ist nach ca. 1 Stunde und 320 Höhenmetern erreicht. Von hier aus hat man einen wunderbaren Blick in den fantastischen **Barranco de Güigüi** und auf die Küste. Dann weiter dem Pfad folgen. Erst verläuft er eben, später dann verliert er im Zickzack schnell an Höhe. Der Pfad wechselt die Schluchtseiten. An einer Weggabelung geht es nach links weiter hinunter in den Talgrund. Man kommt an einem ausgetrockneten Flussbett und einem Haus vorbei, geht nach links unten weiter zum früheren Bootsanleger *El Puertito* und von dort nach rechts zu den Stränden, die nach gut 2,5 Stunden erreicht werden.

Der Rückweg auf demselben Weg ist anstrengender als der Hinweg, da man jetzt die größten Steigungen mit rund 550 Höhenmetern bewältigen muss und die Sonne im Nacken brennt.

Die Altstadt von Las Palmas

Las Palmas & der Osten

Das Beste!

- Geschichte tanken in der Vegueta, der Altstadt von Las Palmas › S. 80
- Mit Musik und Tanz einen Sonntagvormittag im Pueblo Canario verbringen › S. 87
- Ein Badetag an der urbanen Playa de las Canteras genießen› S. 88
- Seltene Pflanzen im Jardín Canario entdecken › S. 95
- Sich in den Höhlendörfern im Barranco de Guayadeque in die Steinzeit zurückversetzen › S. 102

› Karte S. 77

Die Hauptstadt lockt mit verwinkelten Altstadtgassen, historischen Gebäuden, lauschigen Plätzen und einem großen Kultur- und Shoppingangebot. Etwas versteckt sind hingegen die schönen alten Städte und die Schluchten entlang der Ostküste.

Sie ist Hauptstadt, Hafen- und Handelsstadt, Großstadt, Gartenstadt mit dem Parque Doramas, Geschäftsstadt und Urlauberstadt – Las Palmas hat von allem etwas: eine sechsspurige Stadtautobahn und mit Kopfsteinen gepflasterte Gassen in der Altstadt Vegueta, Hochhaussiedlungen und Jugendstil im Viertel Triana, Kaufhäuser, alte Markthallen und fliegende Händler. Mit der Canteras-Bucht, eine der größten natürlichen »Badewannen« der Welt, eingefasst von einem schönen, goldfarbenen Strand, hält Las Palmas selbst als Badeort jedem Vergleich stand. Bis in die 1970er-Jahre war Las Palmas das bevorzugte Ziel der Gran-Canaria-Urlauber. Längs der Canteras-Bucht reihen sich auch heute noch Hotels und Apartmenthäuser. Aber seit der Erschließung des Südens für den Tourismus verbringen die Mehrzahl der Urlauber dort ihre Ferien. Las Palmas hat dennoch seine Stammkunden, vor allem Gäste, die das südländische Leben und kulturelle Angebot der Stadt genießen.

Der Osten versteckt seine Highlights in der zweiten Reihe. Die meisten Besucher lernen ihn gleich nach ihrer Ankunft längs der Autobahn kennen: Geröllhalden, ausgetrocknete Flussbetten und Lagerhallen. Wer aber den Blick nach Westen in Richtung Berge hebt, kann verfolgen, wie sich ein trockenes Bachbett weiter oben zu einer palmenbestandenen Schlucht ausweitet. Im Barranco de Guayadeque zeugen noch immer bewohnte, gut erhaltene Höhlen von der Wohnkultur der Altkanarier. Hier kann man noch das ursprüngliche Gran Canaria erleben. Mancher auf den ersten Blick triste Ort wie Telde oder Ingenio birgt kunsthistorische Kleinodien von hohem Rang. Agüimes allerdings sieht man seine schöne, restaurierte Altstadt schon von Weitem an.

Touren im Osten

Tour 8 **Las Palmas historische Altstadt** Plaza Santa Ana und Kathedrale › Museo Canario › Casa de Cólon › Centro Atlántico de Arte Moderno › Markthalle › Plaza Cairasco › Iglesia San Francisco › Calle Mayor de Triana

Tour 9 **Wie alles begann** Las Palmas › Jardín Canario › Pico de Bandama › Caldera de Bandama › La Atalaya › Las Palmas

Tour 10 **Auf den Spuren der Ureinwohner** Las Palmas › Telde › Cuatro Puertas › Museo de Piedras y Artesanía › Ingenio › Barranco Guayadeque › Agüimes › Las Palmas

0
5 km
N
La Isleta
Playa de las Canteras
Bahía de Confital
8
9
10
1 Las Palmas de Gran Canaria
Bañaderos
Cardones
Montaña de Arucas 412
Ayala
GC-2
GC-23
Arucas
Tenoya
Santidad
Tamaraceite
GC-3
Los Portales
El Toscon
Almatriche
GC-1
Bco. de Tenoya
GC-21
San Lorenzo
San Cristóbal
Teror
2 Jardín Canario
Tafira Baja
Tafira Alta
GC-4
GC-15
La Angostura
574 Pico de Bandama
Santa Brígida
San José
Caldera 3 de Bandama
Jinamar
Playa del Malpaso
La Atalaya
GC-100
La Higuera Canaria
Valle de San Roque
La Garita
Playa de la Garita
Vega de San Mateo
Telde 4
Marpequeña
Playa del Hombre
Valsequillo
GC-41
Melenara
Bco. de San Miguel
Tenteniguada
GC-130
5 Cuatro Puertas
Casadores
Ojos de Garza
Montaña de las Tierras
Roque
Barranco de Guayadeque 7
GC-120
Punta de Gando
Guayadeque
Ingenio 6
Museo da las Piedras
Carrizal
Santa Lucía
Temisas
GC-550
Playa del Burrero
Agüimes 8
GC-1
912 Montaña Teheral
Los Corralillos
Vargas
Parque del Cocodrilos
GC-100
Playa de las Cruzes
GC-551
Fortaleza Grande
GC-65
Cruce de Arigana
Playa de Carbón
Barranco de Tirajana
El Cruce
Playa de Arinaga
Sardina
Vecindario
Maspalomas

Touren in der Region

Tour 8 Las Palmas historische Altstadt

Tour-Übersicht:

Verlauf: **Plaza Santa Ana und Kathedrale › Museo Canario › Casa de Cólon › Centro Atlántico de Arte Moderno › Markthalle › Plaza Cairasco › Iglesia San Francisco › Calle Mayor de Triana**

Distanz: reine Gehzeit ca. 1 Stunde

Praktische Hinweise:

- Die Anfahrt aus und die Weiterfahrt in andere Stadtteile ist am besten mit dem Bus zu bewerkstelligen, weil der Verkehr in der Hauptstadt sehr schnell und für Außenstehende unübersichtlich verläuft. Zudem sind Parkplätze rar und gebührenpflichtig.
- Für den Gang auf hartem Straßenpflaster empfehlen sich bequeme Schuhe.
- Im Viertel Vegueta gibt es mehrere gute Restaurants.
- Straßencafés und Terrassenrestaurants gibt es an der Plaza Hurtada Mendoza und der Plaza Cairasco.
- Am einfachsten beginnen sie den Rundgang am Busbahnhof San Telmo und gehen über die Calle Mayor de Triana und die Plaza Huerto de Mendoza bis in die Altstadt.

Tour-Start:

Die Geschichte der Stadt beginnt mit dem ersten Tag der Eroberung Gran Canarias. Juan Rejón landete am 22. Juni 1477 in der Bucht und schlug in der jetzigen ****Altstadt Vegueta** sein Lager auf. Kurz darauf wurde an der ****Plaza Santa Ana** › S. 80 mit dem Bau der ****Kathedrale** begonnen, die erst 400 Jahre später fertiggestellt wurde. Noch weiter zurück in die Geschichte führt die bedeutende archäologische Sammlung des **Museo Canario** › S. 83. Ein Wahrzeichen der Stadt und ein herausragendes Beispiel spanischer Kolonialarchitektur ist Christoph Kolumbus gewidmet: das ****Casa de Colón** › S. 85. Im nahegelegenen **Centro Atlántico de Arte Moderno** › S. 84, einem hypermodernen Kunsttempel, werden vor allem Wechselausstellungen moderner Kunst gezeigt. Durch verwinkelte Gassen kommt man zur **Markthalle** › S. 84, in der es vormittags lebhaft zugeht. Eine Pause bietet sich an der stimmungsvollen **Plaza Cairasco** › S. 85 an – mit dem Jugendstilbau des **Gabinete Literario** › S. 85, in dem Ausstellungen und Konzerte stattfinden. Unweit erhebt sich die **Iglesia San Francisco** › S. 85 mit ihrer hochverehrten Madonna, der Jungfrau der Einsamkeit. Über die lebhafte Fußgängerstraße **Calle Mayor de Triana** › S. 86 mit zahlreichen Einkaufsmöglichkeiten kommt man in Richtung Norden zum zentralen Busbahnhof am Parque San Telmo.

Tour 9 Wie alles begann

Tour-Übersicht:

Verlauf: **Las Palmas › Jardín Canario › Pico de Bandama › Caldera de Bandama › La Atalaya › Las Palmas**

Distanz: 50 km, reine Fahrzeit 1,5 Stunden

Praktische Hinweise:

- Die Tour dauert je nach Besichtigungsprogramm etwas länger als einen halben Tag. Sie ist im Pkw am einfachsten zu bewältigen.
- Der Jardín Canario und die Caldera de Bandama können aber ab Las Palmas auch mit dem Bus 301/302 ab Santa Catalina/San Telmo (viele Abfahrten) angesteuert werden. Die Buslinie 311 fährt stündlich nach La Atalaya.
- An jedem Besichtigungspunkt gibt es Cafés bzw. Restaurants.

Tour-Start:

Diese Tour führt zum deutlichsten Beispiel der vulkanischen Vergangenheit Gran Canarias. Zuvor aber hat man Gelegenheit, die ursprüngliche Vegetation kennen zu lernen. In La Atalaya lebt noch die altkanarische Handwerkskunst fort.

Per Pkw verlässt man Las Palmas in Richtung Santa Brigida. Der ***Jardín Canario** › **S. 95** bietet einen hervorragenden Überblick über die endemische Pflanzenwelt Gran Canarias. Weiter in Richtung Bandama führt ein Sträßchen zum Gipfel des 574 m hohen Aschekegels **Pico de Bandama**. Von hier bietet sich eine tolle Aussicht über die Stadt Las Palmas und den Nordosten der Insel. Zudem hat man auch den besten Blick in die ***Caldera de Bandama** › **S. 96**. Der Krater mit etwa 1 km Durchmesser entstand vor etwa 5000 Jahren durch eine gewaltige Eruption. In dem Töpferdorf **La Atalaya** werden die Töpferwaren noch auf traditionelle Weise hergestellt. Museum und Werkstatt befinden sich im oberen Ortsteil.

Tour 10 Auf den Spuren der Ureinwohner

Tour-Übersicht:

Verlauf: **Las Palmas › Telde › Cuatro Puertas › Museo de Piedras y Artesanía › Ingenio › Barranco de Guayadeque › Agüimes › Las Palmas**

Distanz: 100 km, reine Fahrzeit 3 Stunden

Praktische Hinweise:

- Die Tagestour lässt sich nur mit dem Pkw organisieren.
- Empfehlenswerte Restaurants gibt es im Barranco de Guayadeque und in Agüimes, oder man macht einen Abstecher an die Küste nach Arinaga – bekannt für seine guten Fisch- und Krustentiergerichte.

Tour-Start:

Nach **Telde** › **S. 98**, der zweitgrößten Stadt der Insel, fährt man am schnellsten über die *autovía*. Se-

Die Caldera de Bandama

henswert in der Industriestadt sind die historischen Viertel San Juan und San Francisco (ausgeschildert), die sie deshalb gleich ansteuern sollten. Etwa 6 km südlich der Stadt liegen die **Cuatro Puertas** › **S. 100**, eine altkanarische Kultstätte in einer Höhle mit vier Toren, die dem Platz seinen Namen gab. Weiter in Richtung Agüimes liegt das **Museo de Piedras y Artesanía** › **S. 101**; in dem Stein- und Handarbeitsmuseum mit Stickereischule wird traditionelles Kunsthandwerk verkauft. Das nahegelegene **Ingenio** › **S. 101** ist immer noch das Zentrum der Kunststickerei. Kurz vor Agüimes zweigt rechts die Straße in den ***Barranco de Guayadeque** › **S. 102**. Die Schlucht steht wegen der vielen hier vorkommenden endemischen Pflanzenarten unter Naturschutz; das eigentliche Highlight aber sind die zahlreichen erhaltenen Wohnhöhlen der Altkanarier. Zum Abschluss der Tour lohnt sich ein Rundgang in der sorgfältig restaurierten ***Altstadt von Agüimes** › **S. 103** mit der weithin sichtbaren Pfarrkirche San Sebastián.

Unterwegs in Las Palmas

4 Die **Altstadt Vegueta

Südlich der Schnellstraße GC 110 öffnet sich das Gassengewirr des ältesten Stadtviertels von Las Palmas, in dem man Geschichte geradezu atmet. Massive kanarische Bauten, andalusische Balkone, maurische Ornamente an den Portalen und sogar ionische Säulen vor den Prunkbauten findet man hier in üppiger Auswahl. Dazwischen stehen immer wieder *palacios*, herrschaftliche Gebäude, mit kühlen, stillen Patios voller Pflanzen, in denen auch Urlauber den Großstadtstress vergessen. Die Namen der Häuser lesen sich wie ein »Who's who« der kanarischen Geschichte: Morales und Manrique, Alfaro und Padilla.

Alle Bauten überragt die ****Catedral de Santa Ana** Ⓐ; die zwei Türme des dreischiffigen Baus beherrschen die Altstadt. 400 Jahre dauerte es insgesamt bis zur Vollendung der 1497 – kurz nach der Eroberung der Insel – begonnenen Kirche, entsprechend viele Stile lassen sich erkennen: Gotik im inneren hinteren Teil des Baus und in den Kapellen des

Tour in Las Palmas

Tour 8

Las Palmas historische Altstadt

- **A** Catedral de Santa Ana
- **B** Palacio Episcopal
- **C** Ayuntamiento
- **D** Museo Canario
- **E** Casa de Colón
- **F** Centro Atlántico de Arte Moderno (CAAM)
- **G** Teatro Pérez Galdós
- **H** Plaza Cairasco mit Gabinete Literario
- **I** Plaza de Colón mit Iglesia San Francisco
- **J** Casa Museo Pérez Galdós
- **K** Calle Mayor de Triana

› Karte S. 81

Gelungene Kolonialarchitektur: die Casa de Colón

linken Seitenschiffes, Barock in der San-Fernando-Kapelle, Renaissance im rechten Seitenschiff, eine eklektizistische Stilmischung in der Vierungskuppel und schließlich Klassizismus an der Fassade, die der kanarische Bildhauer José Luján Pérez (1756–1815) schuf, ebenso wie etliche Statuen im Kircheninneren. Einer der Kirchtürme kann bestiegen werden, von oben bietet sich ein tolles Panorama auf die Dächer der Stadt.

Der Besucherzugang an der Südseite der Kathedrale führt durch das **Museo Diocesano del Arte Sacro** und den typisch andalusisch-arabischen, mit Orangenbäumen bestandenen Innenhof. Im Museum selbst sind die kostbaren Kirchenschätze verwahrt (Mo–Fr 10–16.30, Sa 10 bis 14 Uhr, Eintritt 3 €).

Vor der Kathedrale breitet sich der Hauptplatz der Altstadt aus, die ****Plaza Santa Ana.** Hunde, die Wappentiere von Las Palmas, wachen als Statuen an den Treppenaufgängen. Über 500 Jahre lang war er der wichtigste Platz der Stadt. Heute wird er von Tauben, spielenden Kindern und ein Schwätzchen haltenden Einheimischen frequentiert. Gesäumt wird die Plaza von den auffallenden Prachtbauten der geistlichen und weltlichen Potentaten: Vom **Palacio Episcopal** **B** (Bischofspalast) hat jedoch nur das Portal die Brandschatzung der Stadt durch Piraten im Jahre 1599 überstanden. Daneben befindet sich die **Casa Regental**, ehemals Sitz des königlichen Statthalters. In ihrem prächtigen Renaissanceportal trägt sie das Wappen der vereinigten Königreiche von León und Kastilien, die im 15. und 16. Jh. die spanischen Könige stellten.

Gegenüber der Kathedrale steht das alte **Ayuntamiento** **C** (altes Rathaus), das mit einem Alter von gut 150 Jahren das jüngste Gebäude am Platz ist. Der ursprüngliche Bau sank am Ostersonntag des Jahres 1842 in Schutt und Asche, nachdem der Dachstuhl von einem Feuerwerkskörper getroffen worden war. Noch heute werden auf der Plaza die Osterfeiertage mit einem solchen Freudenfeuerwerk angekündigt. Weniger gefährlich dagegen ist ein weiteres, nur einmal im Jahr stattfindendes Ereignis: Während des Fronleichnamsfestes wird der Platz mit einem riesigen, kunstvollen Blumenteppich ausgelegt.

Unweit der Plaza, vorbei an der Casa Romero, die einst dem nahen Jesuitenkolleg als Grundschule diente, trifft man auf das **Museo Canario** D. Die private Stiftung beherbergt die reichste Sammlung vorspanischer Fundstücke auf dem Archipel. Sie präsentiert Keramik, Werkzeuge, Mumien und Skelette der Ureinwohner. Zudem findet man hier die umfangreichste Schädelsammlung mit über 1000 Totenköpfen – darunter auch solche, an denen Spuren von Hirnoperationen zu sehen sind.

Das Museum ist eine gute Ergänzung zum *Museumspark Cueva Pintada* in Gáldar › **S. 119**, für jeden, der sich für die Frühgeschichte der Kanaren interessiert (Eingang Calle Doctor Chil 25; Mo–Fr 10–20, Sa/So 10–14 Uhr; Eintritt 3 €, Kinder bis 12 Jahren frei; www.elmuseocanario.com).

Von innen und außen malerisch ist die ****Casa de Colón** E. Kolumbus hat sich hier zwar nie aufgehalten, aber Teile der Bausubstanz stammen noch aus seiner Zeit oder sind sogar älter. Der herrliche Bau

Totenköpfe im Museo Canario

wirkt von außen wie eine Trutzburg, wenn auch eine besonders repräsentative. Das reich geschmückte Hauptportal zur Plaza San Antonio Abad mit der ältesten Kapelle wird von Löwen flankiert. Durch den Eingang in der Gasse Calle Colón betritt man die reichlich bepflanzten Innenhöfe. Ein schöner, alter Brunnen und umlaufende Holz-

Erst-! klassig

SEITENBLICK

Mumien

Die im Museo Canario ausgestellten Mumien dokumentieren, dass die Kunst der Einbalsamierung nicht nur am Nil praktiziert wurde – auch wenn die Altkanarier die Technik bei Weitem nicht so perfekt beherrschten wie die Ägypter. Man schloss die Körperöffnungen mit Bienenwachs, präparierte den Leichnam mit dem harzigen Saft des Drachenbaumes und wickelte ihn in gegerbte Ziegenfelle ein.

› Karte S. 81

galerien versetzen einen um Jahrhunderte zurück. Das Museum dokumentiert die verschiedenen Expeditionen des Christoph Kolumbus anhand von Schiffsmodellen, Kartennachbildungen und Ausrüstungsgegenständen. Außerdem beherbergt es eine Gemälde- und Skulpturensammlung sowie eine Bibliothek (Calle Colón 1; Mo–Fr 9–19, Sa/So 9–15 Uhr, Eintritt frei).

Das **Centro Atlántico de Arte Moderno (CAAM)** F nur wenige Schritte weiter in der Calle Los Balcones 9–11 ist ein Zentrum für moderne Kunst. Hinter einer klassizistischen Fassade verbergen sich strahlend helle Säle, in denen moderne, vorwiegend kanarische Kunst ausgestellt wird. Außerdem finden regelmäßig Wechselausstellungen statt; auch der Museumsladen lohnt den Besuch (Eintritt frei, Di–Sa 10–21, So 10–14 Uhr, www.caam.net).

SEITENBLICK

Benito Pérez Galdós

Die Entwicklung des Dichters zum »spanischen Balzac« begann und endete in Madrid. Über 100 Bände umfasst sein Werk und er ist noch immer einer der meistgelesenen Autoren Spaniens. Aber erst seine internationale Anerkennung verhalf dem Gesellschaftskritiker auch im konservativen Spanien zum Durchbruch. Eines seiner Hauptwerke, der Roman »Nazarín«, wurde in den 1960er Jahren vom Großmeister des spanischen Films, Luis Buñuel, verfilmt. Auf Deutsch sind seine Werke leider nur antiquarisch erhältlich.

Das Centro Atlántico de Arte Moderno ist

Am Ende der Straße geht es nach links zur ältesten **Markthalle** der Stadt – Mercado de Vegueta – mit einem sehr guten Lebensmittelangebot. Vormittags ist es hier besonders lebhaft. **Erstklass**

An der Schnellstraße, die die beiden Viertel Vegueta und Triana trennt, steht das **Teatro Pérez Galdós** G, genau gegenüber der Markthalle. Es trägt den Namen eines spanischen Romanciers (1843–1920), des berühmtesten Sohns der Kanarischen Inseln. Das 1919 eröffnete Theater wurde von einem weiteren bekannten Grancanarier, Néstor Martín Fernández de la Torre (1887–1938), ausgemalt. Das Innere des Theaters kann man nur im Rahmen einer Aufführung sehen.

auch abends einen Besuch wert

Das Viertel Triana

Bei den hübsch gestalteten Plätzen **Plaza Hurtado de Mendoza** und **Plaza de las Ranas** mit Froschbrunnen unter großen Gummibäumen beginnt das gepflegte Viertel Triana, in dem einst die kleinen Kaufleute und Handwerker lebten. Das Ambiente der **Plaza Cairasco**, einem der stimmungsvollsten Plätze der Stadt, lässt sich am besten auf einer der vielen Restaurantterrassen genießen. Die Plaza ist benannt nach dem Dichter Bartolomé Cairasco de Figueroa (1540–1610). Hohe Palmen und die breiten Kronen von indischen Lorbeerbäumen rahmen Gebäude im Kolonial- und Jugendstil ein. Den nördlichen Abschluss bildet der Jugendstilpalast des 1842 ursprünglich als Theater erbauten **Gabinete Literario** **H**, nach Westen schließt sich die grüne **Plaza de Colón** an. Eine Büste des Entdeckers der Neuen Welt ziert sie – ebenso wie die Stirnseite der direkt an der Plaza gelegenen barocken **Iglesia San Francisco** **I**, in die es sich lohnt, einen Blick zu werfen. Der durch eine Brandschatzung 1599 zerstörte Bau wurde in zahlreichen Schritten, zuletzt 1961, erneut aufgebaut; glücklicherweise blieb die Holzdecke im Mudéjar-Stil, der auf die maurische Kunst zurückgeht, erhalten. Große Verehrung genießt die Virgen de la Soledad; die Madonna soll die Gesichtszüge der Klostergründerin Isabel von Kastillien tragen.

Calle Mayor de Triana

Nur wenige Schritte weiter, in der Calle Cano 6, steht das Geburts- und Wohnhaus von Pérez Galdós, jenem berühmten spanischen Literaten des beginnenden 20. Jhs., nach dem auch das nahegelegene alte Theater benannt wurde. Seine Wohnstätte erinnert nun als **Casa Museo Pérez Galdós** **J** an den Meister. Das Museum, ein kanarischer Bau mit malerischem Innenhof, ist mit originalen Möbeln aus dem Haus des Malers in Madrid eingerichtet (Tel. 982 36 69 76, Di bis Fr 10–14 und 16–20 Uhr, Sa/So/feiertags 10–24 Uhr, Eintritt frei, www.casamuseoperez galdos.com).

Die Fußgängerzone **Calle Mayor de Triana** **K** – die Hauptstraße des Viertels – ist mit ihren Jugendstilfassaden die eleganteste und unter Einheimischen beliebteste Flanier- und Einkaufsmeile von Las Palmas. Auch in den verkehrsberuhigten Nebenstraßen liegen viele Fachgeschäfte. In der **Librería del Cabildo** (C. Cano 24), dem bestsortierten Buchladen der Insel, bekommt man ausschließlich Literatur zum Kanarischen Archipel. Auch in deutscher Sprache gibt es hier Bücher zur Geschichte Gran Canarias sowie Wanderführer und Karten. **Erst-klassi**

Manche Fassaden zeugen noch vom Aufschwung des Viertels zum Geschäftszentrum. Beachtenswert sind die Häuser Nr. 35 und Nr. 80 aus der zweiten Hälfte des 19. Jhs., aber auch einige Jugendstilfassaden in den angrenzenden Gassen Domingo Navarro und Calle Buenos Aires, die vom *Modernismo,* dem spanischen Jugendstil, beeinflusst sind. Die Calle Mayor de Triana führt direkt auf den Parque San Telmo, einen wichtigen Verkehrsknotenpunkt.

Ciudad Jardín – Oase in der City

An die Altstadt mit den Vierteln Vegueta und Triana schließen sich die wenig sehenswerten Stadtteile Arenales und Lugo an, die man am besten mit dem Bus durchquert.

Auf Höhe des Jachthafens *(Muelle Deportivo)* gelangt man zu einer grünen Lunge der Stadt. Seinen Namen verdankt der ***Parque Doramas** **L** dem Anführer der Altkanarier, der sich den spanischen Eroberern bis zum bitteren Ende widersetzte. Er wollte durch fairen Zweikampf eine große Schlacht verhindern, wurde aber von der Lanze des berittenen Spaniers Pedro de Vera durchbohrt. Die Altkanarier, ihres Führers beraubt, ergaben sich nicht, sondern zogen den Freitod vor: Sie stürzten sich von Felsen in eine Schlucht. Von dieser Verzweiflungstat kündet das Monument am Parkeingang.

Dahinter erhebt sich das 1890 im kanarischen Stil erbaute **Luxushotel Santa Catalina** › S. 91. Auf den Hotelterrassen können auch Parkbesucher bei Kaffee oder Tee eine Pause mit Blick ins Grüne einlegen. Hinter dem Hotel eröffnen sich weitläufige Grünflächen, Spielplätze, ein Wasserlauf, der in einen Wasserfall und in einen See mündet, sowie Terrassencafés.

Das im pseudokanarischen Stil gebaute Vorzeigedorf ***Pueblo Canario** Ⓜ mit einer Reihe von Restaurants, Kunstgewerbeläden und einem Büro der Touristikinformation ist eine Touristenattraktion. Sonntags ab 11 Uhr finden auf dem zentralen Platz Tanz- und Musikvorführungen kanarischer Trachtengruppen statt, die man sich nicht entgehen lassen sollte. Allein schon ihre wunderschönen Kostüme sind den Besuch wert; die gut einstündige Vorstellung ist kostenlos. Das »Kanarische Dorf« wurde bereits 1955 von Miguel Fernández de la Torre gebaut, der dafür Ideen seines Bruders Néstor aufgriff. In einem der Häuser ist auch zu Ehren des Bruders das ***Museo Néstor** Ⓝ untergebracht.

st-! assig

Néstor Martín Fernández de la Torre (1887–1938) war der erste bildende Künstler der Kanarischen Inseln, der internationale Bedeutung errang. Er gilt als einer der führenden Vertreter des *Modernismo*, der spanischen Variante des Jugendstils. Er hat zahlreiche Auftragskunstwerke auf dem Festland, aber auch in seiner Heimat ausgeführt, nicht zuletzt die Ausschmückung des Teatro Pérez Galdós › S. 84. Das Museum zeigt in einer ständigen Ausstellung neben Möbeln und Entwürfen für Theaterdekorationen die berühmtesten Bilder des Künstlers, der sich immer wieder mit der Landschaft seiner schönen Heimat sowie ihrer Flora und Fauna auseinandersetzte. Seine wichtigsten Werke sind die Zyklen »Poema del mar« und »Poema de la tierra«, die Erde, Menschen, Tiere und die Fluten des Atlantiks erotisch miteinander verschlungen zeigen (Di–Sa 10–20, So 10.30 bis 14.30 Uhr, Eintritt 2 €; www.museonestor.com).

Erst-! klassig

Folklore im Pueblo Canario

› Karte S. 91

Das Viertel Santa Catalina

Da, wo das Meer die Stadt zu einem schmalen Streifen zusammendrückt, liegt das Viertel Santa Catalina. Der Stadtteil ist Hafenviertel ebenso wie Touristenhochburg. Hier findet man unzählige Bars, Diskos und andere Lokale, die Las Palmas den Ruf eingebracht haben, die Stadt in Spanien mit den meisten Kneipen zu sein.

Der lebhafteste Platz der Stadt, der **Parque Santa Catalina** ⓞ, ist das Herzstück des Viertels, auf dem sich rund um die Uhr alle, vom Frühsportler bis zum Nachtschwärmer, ein Stelldichein geben. Hier ist auch der Rentnertreffpunkt, an dem Schach- und Dominoturniere ausgetragen werden. Der Parque ist kein Park in unserem Sinne, sondern eher eine weitläufige gepflasterte Plaza mit wenigen Grünanlagen und vielen Terrassencafés.

Eine ehemalige Lagerhalle, in Richtung Hafen, die sich von außen mit einem schrägen Glasdach ein modernes Gesicht gibt, wurde in das **Museo de la Ciencia y la Tecnología** (Museum für Wissenschaft und Technik) verwandelt (Di–So 10 bis 20 Uhr; Eintritt Kinder 5 €, Erwachsene 7,50 €; www.museoelder.org). Dahinter erhebt sich poppigbunt das **Einkaufszentrum El Muelle;** auf mehreren Etagen tummeln sich hier Marken-Boutiquen, dazu Terrassencafés mit weitem Blick über den Hafen.

Nur zwei Straßenzüge weiter beginnt die goldfarbene feinsandige **Playa de las Canteras** ⓟ. Das Besondere an diesem gepflegten Strand liegt einige hundert Meter weiter draußen im warmen und

Blick auf den Puerto de la Luz in Las Palmas

sauberen Wasser des Atlantiks: **la Barra,** die Barriere. Das Riff von 2,5 km Länge hält die Brandung ab und schafft ein riesiges natürliches Schwimmbad, womöglich der Welt größte Badewanne. Am breiten Strand sind Liegestühle zu mieten; die »Badewanne« wird von Rettungsschwimmern überwacht und erweist sich als ideales Familienbad, in dem sich auch Krabbelkinder wohlfühlen. Wellenreiter, mit und ohne Brett, kommen höchstens am südlichen Strandende auf ihre Kosten; dort rollen die Wellen ungebrochen auf den Sand.

Die Playa de las Canteras ist das Refugium der Städter und Urlauber. Dicht an dicht stehen hier die eleganten Hotels und Apartmentanlagen, von denen einige aber schon etwas in die Jahre gekommen sind. Die autofreie 4 km lange **Promenade** ist nicht nur Puffer zwischen Strandidylle und Stadtgetümmel, sondern bietet mit vielen kleinen Palmenoasen auch Platz für Bars und Cafés, Diskotheken und Restaurants. Von der urigen Fischerkneipe über den austauschbaren Chinesen bis zum Edelitaliener ist für jeden Geschmack etwas dabei.

Der Hafen

Der **Puerto de la Luz** Q, der »Hafen des Lichts«, ist einer der größten Häfen Spaniens. V.a. Öl und Fisch werden hier umgeschlagen. Touristische Bedeutung hat der Hafen von Las Palmas als Dreh- und Angelpunkt der wichtigsten Fährverbindungen zwischen allen Kanarischen

Das Castillo de la Luz

Inseln, die von der **Muelle de Santa Catalina** ausgehen. Südlich davon liegt die **Muelle Deportivo,** von der aus die Hochseejachten zur Atlantiküberquerung starten. Las Palmas stellt die letzte Bunkerstation vor der großen Reise in den Westen dar.

Eine Promenade führt an den Hafenbecken vorbei zum **Castillo de la Luz** R. Erbaut im 16. Jh. – noch an der gotischen Umrandung des Portals erkennbar – schützte das Kastell die Stadt und den Hafen vor Piratenüberfällen. Heute beherbergt die renovierte »Burg des Lichts« ein Kunstzentrum, in dem häufig Ausstellungen gezeigt werden. Nur dann ist das *castillo* zu besichtigen.

Die Halbinsel **Isleta** im Norden von Las Palmas erinnert mit ihren roten Aschekegeln an den vulkanischen Ursprung der Insel. Sie zu erwandern lohnt sich nicht, denn der Aufstieg ist mühsam und nur über eine Asphaltstraße möglich. Wer von oben den Blick auf die Nordküste genießen will, nimmt besser den Wagen oder die Buslinie 41.

Info

In Las Palmas gibt es mehrere Kioske und Büros der Touristeninformation; wichtig für Besucher aus dem Süden sind jene am Busbahnhof Parque San Telmo und auf der Plaza Santa Catalina (tgl. 8–18 Uhr). Für Informationen, die die ganze Insel betreffen, steht die Tourismusbehörde zur Verfügung:

Patronato del Turismo

- León y Castillo 17
- Tel. 928 21 96 00 | Fax 928 21 96 01
- Mo–Fr 9–15 Uhr
- www.grancanaria.com

Verkehrsmittel

Der zentrale Busbahnhof befindet sich im Untergeschoss des Parque San Telmo, dort bekommt man von 7–20 Uhr Fahrpläne und die günstigen »Tarjeta Insular«. Ein zusätzliches Terminal liegt zwischen Parque Santa Catalina und dem Hafen. Sehr gut sind die Verbindungen nach Playa del Inglés, entlang der Südküste bis Puerto Rico, entlang der Nordküste und ins zentrale Bergland.

- **Busse:** In Las Palmas sind die gelben Stadtbusse der Linie 1 besonders hilfreich. Sie pendeln zwischen Teatro Pérez Galdós im Viertel Triana und Puerto de la Luz parallel zur Stadtautobahn (Fahrpreis: 1,30 €, Bono-Zehnerkarte 7 €).
- Wer sich einen Überblick über die Stadt verschaffen will, steigt in den bunten, halboffenen Doppeldecker *Guagua turística* (Preis: 12,50 €). Er startet am Parque Santa Catalina und fährt quer durch alle Viertel zur Altstadt und wieder zurück. An jeder beliebigen Haltestelle kann man aus- und wieder zusteigen.

Erst-! klassig

- **Taxis:** Das Angebot ist groß, einfach einen vorbeifahrenden Wagen anhalten. Auf Stadtfahrten richtet sich der Preis nach dem Taxameter (Grundpreis 1,35 €, 1 km im Stadtgebiet 0,45 €), für Überlandfahrten sollte man den Preis vorher erfragen.

Hotels/Apartments

Santa Catalina ●●●

Das älteste Hotel der Insel (1890 erbaut, 2005 renoviert) liegt sehr ruhig im Doramas-Park und ist reich mit Antiquitäten ausgestattet. Großzügiger Spa-Bereich.

- Calle León y Castillo 227 (am Parque Doramas)
- Tel. 928 24 30 40 | Fax 928 24 27 64
- www.hotelsantacatalina.com

Reina Isabel ●●●

Hervorragende Lage am Canteras-Strand, mit allen Annehmlichkeiten, die ein Luxushotel ausmachen wie Fitnessraum, Sauna, Jacuzzi und Türkisches Bad und einem großen Wintergarten.

- Alfredo L. Jones 40
- Tel. 928 26 01 00 | Fax 928 27 45 58
- www.bullhotels.com

Apartamentos Playa Dorada ●●

Direkt an der Strandpromenade, komplett renoviert, von allen Zimmern Blick auf das Meer.

- Calle Luis Morote 61
- Tel. 928 26 51 00-04
- www.playadoradaweb.com

L Parque Doramas
M Pueblo Canario
N Museo Néstor
O Parque Santa Catalina
P Playa de las Canteras
Q Puerto de la Luz
R Castillo de la Luz

Las Palmas
0
300 m
N
La Isleta
Juan
Rejón
R
La Barra
P
Playa de las Canteras
Paseo de las Canteras
Sagasta
Albareda
Mercado Puerto
Padre Cueto
Alfredo L. Jones
Luis Morote
Museo Elder
Parque Sta. Catalina
O
Muelle de Santa Catalina
Bernardo de la Torre
Nicolás
Estévanez
Martínez
de Escobar
Tomás Miller
Presidente Alvear
L. F. Navarro
SANTA CATALINA
Guanarteme
José M. Durán
Fernando
General Sanjurjo
Plaza de España
Mesa y López
Pl. San Juan Bautista
Puerto de la Luz
Q
Néstor de la Torre
Mercado Central
Barcelona
León y Castillo
Churruca
Mesa y López
Jesús F. Jimeno
Paseo de Chil
Galicia
Victor Hugo
ALCARAVANERAS
Playa de las Alcaravaneras
Gáldar
Italia
Alemania
Pío XII
Pl. de Sarasate
J. Antonio
Maestro Valle
Rafael Ramírez
Av. Marítima del Norte
CIUDAD
JARDÍN
Dr. García Castrillo
Lope de Vega
Fortuny
Pío XII
Paseo del Chil
León y Castillo
Alejandro Hidalgo
Beethoven
M
N
L
Emilio Ley
Paseo Cornisa
Av. de las Escaleritas
Teror, Arucas
Juan XXIII
Jardín Canario,

Besonders stimmungsvoll sind Las Palmas Plätze am Abend

Apartamentos Colón Playa ●●

Direkt an der Strandpromenade; z.T. geschmackvoll renoviert, von vielen Balkonen Blick aufs Meer.

- Alfredo L. Jones 45
- Tel. 928 26 59 54
- www.playacolon.com

Madrid ●

Manche der 40 Zimmer des Hostals haben kein eigenes Bad. Dennoch ist das Haus im Kolonialstil mitten in der Altstadt zwischen den Vierteln Vegueta und Triana beliebt und häufig ausgebucht.

- Plaza Cairasco 2
- Tel. 928 36 06 64

Restaurants

Montesdeoca ●●●

Das Edelrestaurant überzeugt vor allem durch seine schöne Atmosphäre: Man sitzt im Innenhof eines restaurierten Altstadtpalastes, umgeben von Farnen und Palmen; exzellente kanarische Küche.

- Montesdeoca 10 (Vegueta)
- Tel. 928 33 34 66
- So geschl.

O´Clock ●●

Erst-klass

Sehr elegantes, modern gestaltetes Restaurant mit Terrasse zur Plaza. Gute Karte mit leichten Gerichten, mittags günstiges Menü.

- Gabinete Literario an der Plaza
- Cairasco
- Tel. 928 43 38 04

Roma ●●

Massimo aus Turin ist der beliebteste Italiener an der Promenade (mit Außenterrasse). Er hat sein Lokal in Pastellfarben eingerichtet – schaut man hinaus, sieht man das Meer und die Fischerboote.

- Las Canteras 1
- Tel. 928 48 61 12
- Tgl. außer Mi, 12–16, 20–24 Uhr.

El Amigo Camilo ●–●●

- Auf einer Felsterrasse über den Wellen lässt man sich knackige Calamares, zarten Papageienfisch *(vieja)* oder etwa Zackenbarsch *(mero)* schmecken. Dazu bestellt man die typischen Schrumpelkartoffeln mit Salzkruste und scharfer Soße *(papas arrugadas con mojo)*.
- La Puntilla/Alonso Ojeda s/n
- Tgl. ab 12 Uhr

Außerdem …

Nicht zu vergessen sind natürlich die Restaurants der guten Hotels, in denen man ebenfalls gut speisen kann, auch ohne Hotelgast zu sein. Gönnen sollte man sich ein Essen oder auch nur einen Kaffee im **Reina Isabel** (●●●) an der Strandpromenade.

Shopping

Ein beliebtes Einkaufsviertel ist Triana mit vielen Fachgeschäften in der Calle Mayor de Triana und in den kleinen Nebenstraßen und Gassen. Eine andere beliebte Einkaufsstraße ist die Mesa y López mit Kaufhäusern und Boutiquen internationaler Modedesigner. Typische Touristen-Souvenirs findet man entlang der Promenade der Playa de las Canteras. Die größeren Einkaufszentren sind von Montag bis Samstag von 10 bis 22 Uhr geöffnet, kleinere Läden halten oft am Nachmittag eine *siesta*.

El Corte Inglés

Der größte spanische Warenhauskonzern unterhält zu beiden Seiten der Avenida de Mesa y López Filialen. Beeindruckend ist vor allem die Feinkostabteilung.

- Av. Mesa y López

CC El Muelle

In dem modernen Einkaufszentrum am Hafen dominieren Schuhgeschäfte und Boutiquen. In den oberen Etagen befinden sich einige der beliebtesten Diskos der Stadt.

- Muelle Santa Catalina

CC Las Arenas

Im größten Einkaufszentrum neben dem Auditorio Alfredo Kraus gibt es einfach alles einschließlich dem größten Supermarkt der Stadt.

- Carretera El Rincón

Fedac

Der kleine Laden in Triana verkauft Souvenirs und Kunsthandwerk.

- Calle Domingo J. Navarro 7

Artesania Santa Catalina

Hier gibt es alles, was das Herz des Souvenir-Jägers begehrt: Trachenpuppen, CDs mit Folkloremusik und Handwerkskunst nach Art der Altkanarier.

- Parque Santa Catalina

Das Einkaufszentrum El Muelle

› Karten S. 81, 91

Auch in den Diskos der Stadt ist abends jede Menge los

Handwerkermarkt

Erst-! klassig

Jeden Sonntagvormittag bieten die besten Handwerker der Insel in der Altstadt Vegueta ihre Waren an.
- Plaza Santa Ana

Markthallen gibt es gleich drei: der Mercado Central in der Calle Galicia, quer zur Aveniada Mesa y Lopez, und der Markt in der Vegueta › **S. 84** führen ein großes Lebensmittelangebot, von exotischen Früchten über glitzernde Fische bis zu knackfrischen Salaten. Im restaurierten Kristallpalast in der Calle Albareda, dem Mercado Puerto, ist allerhand Schnickschnack, wie ihn Seeleute wohl gern mitnehmen, im Verkauf.

Die Hauptfundgrube für Schnäppchenjäger ist jedoch der Flohmarkt **Rastro** auf der östlichen Meerespromenade auf Höhe der Plaza Santa Catalina/CC El Muelle jeden Sonntagvormittag von 9 bis 14 Uhr.

SEITENBLICK

Festivals am Meer

Ob Sophia Loren, Raquel Welch oder Alain Delon – sie alle haben sich am Canteras-Strand ablichten lassen und mit ihren Handabdrücken die Promenade verziert. Doch das **Filmfestival** von Las Palmas (meist Ende März) bietet mehr als bloßen Starkult. Hier werden neueste Produktionen gezeigt, Retrospektiven alter Meister und thematische Highlights.

Veranstaltungsort ist das Auditorium Alfredo Kraus, das auch das **Festival der klassischen Musik,** das **Opern- und Zarzuelafestival,** das **Jazzfestival** und das **Theater- und Tanzfestival** beherbergt.

Rock- und Popkonzerte finden meist als Open Air am Strand oder auf einem der Plätze statt; Hauptveranstaltungsplatz, auch im Karneval, ist der Parque Santa Catalina.

Nightlife

Wie überall im Süden spielt sich auch in Las Palmas ein guter Teil des Nachtlebens auf der Straße ab – die Canarios brauchen keine Clubs, um abends Unterhaltung zu haben. Spontane Ständchen im Park, die Fortsetzung der Tanzmusik auf der Straße oder feuchtfröhliche Runden am Strand sind keine Seltenheit. Und wer sich gerne dazugesellen möchte, ist oft willkommen. Treffpunkte sind z.B. die Plazoletta de Farray in Santa Catalina, ihr Brunnen ist eine Anlaufstelle für Straßenmusikanten.
Gleich gegenüber im **Pequeña Havanna** treffen sich die Salsafans. Wer es lernen möchte, ist hier jeden Do/Fr ab 21.30 Uhr richtig.
Beliebt ist auch die Zone zwischen Plaza Cairasco und Playa La Ranas/ Plaza Hurtado de Mendoza im Viertel Triana.
Das neue Veranstaltungszentrum Monopol ist zwar nicht der Hit, aber gleich nebenan im **Musikclub Veguetita,** Calle Remedios 10–12, gibt es jedes Wochenende Live-Musik, und die umliegenden Cafés und Bars stellen ihre Stühle nach draußen. In den meisten Diskotheken ist vor Mitternacht kaum etwas los. Ebenso in den Diskos, Tanzbars oder Nightclubs der größeren Hotels, die man auch besuchen kann, ohne Hotelgast zu sein.
Zum Zentrum der jüngeren Nachtschwärmer hat sich das Einkaufszentrum **EL Muelle** am Hafen entwickelt. In den oberen Etagen haben sich mehrere – ganz unterschiedliche – Diskotheken einquartiert. Wenn die Nächte richtig warm sind, geht es bei der Open-Air-Disko auf dem Dach richtig los. Mit dem Sommer kommt auch die Saison der Pop-Konzerte am Strand und auf Open-Air-Bühnen.

Erst-! klassig

Unterwegs im Osten

5 Der *Jardín Canario 2

Wer sich für die vielfältige Pflanzenwelt der Insel interessiert, dem sei ein Ausflug in den Jardín Canario bei Tafira (Vorort von Las Palmas) empfohlen. Keine importierte exotische Blütenpracht wie in den Hotelgärten, sondern hauptsächlich einheimische endemische Gewächse erwarten die Besucher hier. Diese Pflanzenarten kommen nur in der Klimazone der Kanaren oder sogar nur auf einzelnen Inseln vor. Gleich hinter dem Haupttor taucht man in einen *Laurisilva* ein: Diesen Lorbeerurwald findet man heute außer auf den Kanarischen Inseln La Gomera und La Palma nur noch auf den Kapverden, Azoren und Madeira. Vor 500 Jahren, zur Zeit der Eroberung, war auch Gran Canaria mit diesen feuchten, kühlen Wäldern bedeckt. Axt und Motorsäge haben dem Urwald jedoch längst den Garaus gemacht.

Nur hundert Schritte weiter stellt der Jardín Canario eine völlig andere Vegetationszone vor. Die Pflanzen der trockenen und tiefer gelegenen Regionen der Insel: Kakteen und Euphorbiengewächse.

Die Anlage zieht sich aus einer Schlucht die Steilwand hinauf; die Höhenunterschiede ermöglichen es, die verschiedenen Klimazonen Gran Canarias und die für sie typische Vegetation ganz natürlich darzustellen. Pinien und Zedern sind hier zu Hause; neben Margaritenbüschen wachsen Hauswurzarten mit riesigen Blütenständen aus dem Fels, und darüber thront der Drachenbaum *(drago)*.

Verständlich, dass mancher Hobbybotaniker beim Anblick so vieler seltener Gewächse Lust bekommt, das eine oder andere davon selber zu kultivieren. Im Interesse der Umwelt sollte das Ausgraben und Abbrechen von Pflanzen auf der Insel aber unbedingt unterbleiben – es ist im Übrigen auch strengstens verboten! Viele Gärtnereien bieten jedoch Samen oder kleine Pflänzchen zum Kauf an.

Alle Teile des Gartens lassen sich auf schmalen, z.T. steilen Wegen erwandern; es geht an Wasserfällen vorbei, selbst ein Flusslauf wird überquert. Man kann nur staunen über die landschaftliche wie botanische Vielfalt dieser heute so kargen Insel und hoffen, dass die Wiederaufforstungsmaßnahmen einen Teil davon wieder herstellen (tgl. 9 bis 18 Uhr, 1.1. und Karfreitag geschl.; Eintritt frei).

Bus

Der Garten ist von Las Palmas mit den Buslinien 301, 303 und 304 Richtung Santa Brígida zu erreichen.

Zwischenstopp: **Restaurant**

Restaurant Jardín Canaria ●●●
Gepflegtes Speiselokal mit kanarischer und internationaler Küche direkt am Park. Panoramafenster mit schönem Blick über Las Palmas.

- Tafira Baja
- Tel. 928 430 939
- Tgl. 12–24 Uhr

Die *Caldera de Bandama 3

Der Einsturzkrater ist eine der wenigen Stellen der Insel, an denen Gran Canarias vulkanischer Ursprung deutlich sichtbar wird. Den besten Blick in den 1 km breiten Kraterkessel hat man vom Vulkankegel nebenan, dem **Pico de Bandama** (574 m), auf den eine Straße führt. Von zwei Aussichtsplätzen, die man per Auto erreicht – am unteren gibt es ein Café/Restaurant –, eröffnet sich ein faszinierender Blick auf die gesamte Ost- und Nordküste sowie auf die Städte Telde und Las Palmas mit ihrem Ring von Hochhaussiedlungen, die im Kontrast zum nahen Villenort **Santa Brígida** mit seinen blühenden Gärten stehen. Bei guter Fernsicht ist im Nordosten sogar die Nachbarinsel Fuerteventura zu erkennen, und der Blick nach Westen lässt die Schönheiten des Zentralmassivs erahnen.

Abenteuerlustige können auf einem steilen und rutschigen, aber deutlich erkennbaren Pfad in knapp zwei Stunden zur Caldera (Spanisch für *Kessel*) hinunter- und wieder hi-

Vom Pico de Bandama hat man einen tollen Blick über die Insel

naufsteigen – allerdings ist hierfür eine Sondergenehmigung erforderlich, da der Krater unter Naturschutz steht (am besten bei der Touristeninformation in Las Palmas erfragen). Der Pfad beginnt an der Straße, die am Golfplatz vorbeiführt, vor der Abfahrt zum Pico de Bandama, hinter dem ersten Haus.

Santa Brígida

Südlich der Caldera liegt der größte und älteste Golfplatz Gran Canarias. Der schon im Jahr 1891 eröffnete **Campo de Golf** wurde von Briten gegründet, die Ende des 19. Jhs. in Santa Brígida und Umgebung Villen erbauten. Wer es sich leisten kann, wohnt in dem noblen grünen Vorort und nicht im 15 km entfernten Las Palmas – das Klima ist feuchter und kühler, und die Luft reiner.

Hotels

Bandama Golf Hotel ●●
Wohnen fast auf den Golfplatz – hier ist das möglich. Nur 25 Zimmer hat der Bau mitten im Grünen. Es herrscht eine angenehm lockere Atmosphäre.

› Karte S. 77

Man kann golfen, reiten und den Tennisplatz oder Pool nutzen.

- Lugar Campo de Golf s/n
- Santa Brígida
- Tel. 928 35 15 38
- www.golfhotelbandama.com

Villa del Monte ●●
Die Finca am südlichen Ortsende von Santa Brígida (gegenüber der Shell-Tankstelle) hat (Kolonial-)Stil. Zwei Suiten, 1 Doppel-, 1 Einzelzimmer und 1 Apartment in einer 100 Jahre alten Villa, besonders schön ist die »Englische Suite«; Mountainbike-Verleih.

- Castaño Bajo 9 | Santa Brígida
- Tel. 928 64 43 89 | Fax 928 64 15 88
- www.canary-bike.com

Restaurant

Bodega Vandama ●●–●●●
Die Weinkellerei mit Ausschank (span. *Bodega*) in den alten Mauern des Gutshofes entpuppt sich als großzügiges, gut geführtes Restaurant.

In der Altstadt von Telde

- Carretera Bandama 116, Nähe Pico de Bandama
- Tel. 928 35 27 54
- www.bodegonvandama.com
- Mo–Do 13–0 Uhr, Fr/Sa/So 13–2 Uhr

Telde 4

Die zweitgrößte Stadt der Insel – fast 100 000 Menschen leben im Stadtbezirk – scheint auf den ersten Blick eine moderne Industriestadt zu sein, doch war sie auch immer schon ein Zentrum der Landwirtschaft. Dass Telde ein Ort mit Vergangenheit ist, wird erst in den nördlichen Stadtteilen San Juan und San Francisco deutlich, und nur diese Viertel sind einen Besuch wert. Beide blieben fast vollständig von Neubauten verschont und stehen deshalb seit 1981 unter Denkmalschutz.

Besonders reizvoll ist die **Plaza San Juan** vor der **Iglesia San Juan Bautista** (Johannes der Täufer), die von gut erhaltenen und liebevoll restaurierten Häusern im kanarischen Stil umgeben sind. Mit dem Kirchenbau wurde 1519 begonnen, die Türme allerdings kamen erst sehr viel später hinzu. Als besondere Kostbarkeit birgt die Johanneskirche einen Altaraufsatz aus Flandern, integriert in einen Barockaltar. Die sechs Darstellungen aus dem Marienleben gelten als wertvollstes Kunstwerk der Kanaren. Der enorme Reichtum, den erst der Zuckerrohranbau und später der Sklavenhandel den spanischen Eroberern einbrachte, machte diese Anschaffung möglich. Aus Sicher-

Erstklass

Idyllisch ist es am Kirchplatz von Telde

heitsgründen ist die Kirche nur während und nach der Messe tgl. ab 17 Uhr sowie für angemeldete Besuchergruppen geöffnet. Von der Kirche aus lohnt sich ein Rundgang durch die alten Gassen, um den kleinen Park San Juan mit Sportanlagen und Minizoo herum. Das große Haus gegenüber der Kirche diente lange als *casa constoriales*, als Rathaus; heute werden dort wechselnde Ausstellungen gezeigt. Es war der **Sitz des Conde de la Vega Grande.** Der Graf, dessen Familie schon immer großen Einfluss auf die Entwicklung Gran Canarias ausübte, hat Ende der 1960er-Jahre im Süden der Insel mit dem Bau des umfangreichsten Touristenprojektes auf den Kanaren begonnen. Auf seinen ehemals unfruchtbaren Ländereien entstand eines der größten Urlaubsareale Europas, die Costa Canaria. Nebenan im **Casino** kann man den typischen kanarischen Baustil mit Innenhof anschauen.

Eine andere einflussreiche Familie der Insel stammt gleichfalls aus

Telde, die der León y Castillo. Die Brüder Juan und Fernando haben wesentlich zum wirtschaftlichen Aufschwung der Insel im 19. und zu Beginn des 20. Jhs. beigetragen – Fernando war u.a. Außenminister Spaniens, Juan leitete als Ingenieur die Arbeiten beim Bau des Hafens von Las Palmas. Nach ihnen hat man auf jeder Kanarischen Insel mindestens eine Straße benannt, und ihr Heimatort widmete ihnen ein eigenes Museum: die **Casa-Museo Léon y Castillo,** natürlich in der Calle León y Castillo 43. Gezeigt wird eine Möbel- und Gemäldesammlung (Mo–Fr 9–20, Sa 10 bis 20, So 10–13 Uhr).

Dies ist ein guter Ausgangspunkt, um einen Rundgang im zweiten Altstadtviertel zu unternehmen, in **San Francisco,** dem Viertel der kleinen Leute. Über die **Plaza de San Francisco** und die dahinter am Barranco verlaufende **Calle Bailadero** geht es zum Ausgangspunkt zurück. Dabei passiert der Weg Ausgrabungsstätten, denn die Stadtgeschichte reicht weit zurück. Hier sollen in vorspanischer Zeit zwei der volkreichsten Siedlungen im Barranco von Telde gelegen haben – Tara im Norden und Cendro im Süden. Berichte aus dem 16. Jh. sprechen von 14 000 Wohnungen in Hütten und Höhlen. Bei Ausgrabungen in Tara fand man die wichtigste Skulptur aus vorspanischer Zeit: Der **Idolo de Tara,** die sogenannte Urmutter, ist heute im Museo Canario in Las Palmas ausgestellt.

Erst-klassig

Die besten Märkte

- Tradition seit 1932 hat der interessanteste Sonntagsmarkt der Insel in Teror › S. 115 von 9–14 Uhr.
- Ein richtiger Bauernmarkt findet jeden Sonntagvormittag in den Markthallen (*Mercado Municipal*) des kleinen Dorfes **Vega de San Mateo** bei Santa Brígida statt. Hier gibt es alle kulinarischen Produkte der Region; es wird auch Vieh gehandelt.
- Jeden Freitag von 9–14 Uhr bietet ein Straßenmarkt in **Puerto de Mogán** › S. 71 ein buntes Sortiment von bäuerlichen Erzeugnissen aus der Region bis zu Strandkleidchen, Sandalen und Holzarbeiten.
- Jeden Sonntag von 9–15 Uhr wird im Parque San Telmo in **Las Palmas** › S. 94 ein typischer, riesiger Flohmarkt aufgebaut. Hier gibt es Antiquitäten und auf alt getrimmte Teile, Schmuck, Bekleidung und afrikanische Schnitzarbeiten.

Info

Centro Municipal de Artesanía y Turismo

Tourismusbüro; eine kleine Verkaufsausstellung informiert über das örtliche Kunsthandwerk.

- Juan Carlos 1 (schräg gegenüber der Plaza San Juan)
- Mo–Fr 9–15 Uhr

Cuatro Puertas 5

Zwischen Telde und Ingenio liegt an der Landstraße GC-100 eine der am besten erhaltenen und frei zugänglichen Anlagen der Altkanarier. Auf

Altkanarische Höhlenanlage auf dem Gipfel der Montaña Bermeja: Cuatro Puertas

einem Hügel, der sich leicht ersteigen lässt, befindet sich die Haupthöhle mit vier Eingängen (daher der Name »Vier Tore«). Mulden und Rinnen im Gestein weisen auf eine Opferstätte hin. Tafeln informieren über die Bedeutung und weisen den Weg zu Wohnhöhlen, Speichern und einem *tagoror*, einem Versammlungsplatz.

Ingenio 6

Der Ortsname ist südamerikanisches Spanisch und bedeutet auf Deutsch *Zuckerfabrik* – im 16. Jh. standen hier riesige Zuckerpressen. Eine davon wurde 1991 an der größten Kreuzung des Ortes aufgestellt und erinnert an die vergangene Ära des Wohlstands.

Das Städtchen am Fuß des Barranco de Guayadeque verbirgt, wie auch so viele andere Städte auf der Insel, seinen schönen Altsstadtkern hinter einem breiten Gürtel von städtebaulichem Wildwuchs der letzten Jahrzehnte.

Man findet die Altstadt rund um die Hauptkirche **Iglesia de la Candelaria** an der **Plaza de la Candelaria.** Die Kirche gehört zu den schönsten Beispielen für Neoklassizismus auf der Insel. Kurioserweise steht unmittelbar vor ihrem Zugang eine bronzene Schweinegruppenskulptur. Von hier aus lohnt sich ein Rundgang durch alte Gassen zum **Parque Néstor Álamo**, einem alten Flussufer mit antiker Wassermühle. Erst-! klassig Die Lage des steinernen Hauses der Wassermühle zeigt, dass hier früher ein wesentlich breiteres Gewässer als der heutige Bach geflossen ist.

Etwas außerhalb von Ingenio liegt das **Museo de Piedras y Artesanía,** ein Kunsthandwerks- und Mineralienmuseum, direkt an der Landstraße. Es gleicht eher einem riesigen Kunsthandwerkerladen mit musealen Elementen, ist aber sehr originell. Ausgestellt sind u.a. Keramik, Stickereien, Handarbeiten mit Spitze und Flechtwaren (Camino Real de Gando 1, Mo–Sa 9–18 Uhr, Tel. 928 78 11 24).

Höhlenbar im Barranco de Guayadeque

6 *Barranco de Guayadeque 7

Am nördlichen Ortsrand von Agüimes zweigt die Landstraße GC 130 in den Barranco de Guayadeque ab. Wegen zahlreicher hier vorkommender endemischer Pflanzen steht die Schlucht unter Naturschutz. Es gibt sogar eine Ginsterart (*Kunkeliella canariensis*), die nur in dieser Schlucht vorkommt.

In vorspanischer Zeit war das Gebiet dicht besiedelt. Die Schluchtwände sind von Höhlen, früheren Wohnstätten, geradezu perforiert. Einige werden noch heute bewohnt. Vor dem Höhlendorf Guayadeque liegt auf der linken Seite der Schlucht das archäologische Museum **Centro de Interpretación Guayadeque.** Hinter dem gemauerten Eingang stellt man überrascht fest, dass sich auch das Museum in einer riesigen Höhle befindet. Es informiert über Geologie, Klima, Flora, Fauna, Wassergewinnung und natürlich auch über das Leben im Barranco de Guayadeque in vorspanischer Zeit in der Gegenwart (Di–Sa 9–17, So 10–17 Uhr, Eintritt Erwachsene 2,50 €, Kinder 1,25 €).

In dem kleinen Dorf weiter hinten im Tal liegen die Wohnhöhlen übereinander in einer roten Steilwand. Höhlengefühle bekommt man in der Höhlenbar, der Höhlenkapelle und im Höhlenrestaurant Centro Guayadeque. Das Dorf wird deshalb **Cuevas de Bermeja** (»scharlachrote Höhlen«) genannt. In den begehbaren Höhlen lässt sich das angenehme Raumklima leicht nachvollziehen. Es wird hier auch deutlich, dass in einem Höhlensystem ganze Dorfgemeinschaften Platz fanden.

Zwischenstopp: **Restaurant**

Tagoror ●–●●
Am Ende der Asphaltstraße befindet sich das größte Höhlenrestaurant. Die Gäste werden hier im traditionellen altkanarischen Ambiente mit deftigen einheimischen Gerichten und herbem Inselwein bestens verköstigt. Wem es in den Höhlen zu eng wird, der nimmt draußen auf den Terrassen Platz.

- Montaña de las Tierras 21 | Ingenio
- Tel. 928 17 20 13
- www.restaurante-tagoror.com

Erst-klassi

Agüimes 8

Ingenios Schwesterstadt zeigt von der Durchfahrtsstraße aus ebenfalls ein nichtssagendes Gesicht. Folgt man aber den Schildern zum »Casco Histórico«, offenbart sich eine komplett erhaltene ***Altstadt.** Schon vor vielen Jahren begann man hier, die historischen Bauten zu restaurieren, heute sind die Arbeiten weitgehend abgeschlossen, und das Viertel strahlt wunderschön in Pastellfarben. Die gepflasterten Gassen sind mit Bronzefiguren geschmückt, die Figuren der Stadtgeschichte darstellen.

st-! assig

Der erste Weg sollte zur **Plaza San Antón** führen. Dort befinden sich das Informationsbüro sowie eine Ausstellung zur Stadtentwicklung und -sanierung. Sehenswert ist die gesamte Altstadt. Ein Highlight ist die Plaza del Rosario mit der **Hauptkirche San Sebastián**, die zwischen 1796 und 1940 erbaut wurde. Sie ist ein besonders schönes Beispiel für einen neoklassizistischen Sakralbau und birgt im Inneren Heiligenfiguren von Luján Pérez (Di–So 9–12.30, 17–19 Uhr). Einen Besuch lohnt auch das Museum für Stadtgeschichte im alten **Bischofspalast** an der Plaza de Morros (Di–So 9–14, 15–18 Uhr, Eintritt 2,50 €, Kinder bis 12 Jahre 1 €.).

In der Altstadt von Aigümes

Info

Touristeninformation

Unter einem Dach findet man kompetente Beratung, Material über die Stadt, Info über Turismo Rural und eine Ausstellung zur Stadtgeschichte.

- Plaza San Antón
- Tel. 928 12 41 83
- www.aguimes.es
- Mo–Fr 9–14 Uhr

SEITENBLICK

Höhlenleben

Noch immer werden die alten Wohnstätten genutzt, viele davon als Viehställe und Lagerräume, aber genauso viele auch als Wohnraum. Von außen erkennt man oft erst auf den zweiten Blick, dass es sich um eine Höhlenwohnung handelt, denn die Fassaden sind gemauert, gestrichen und vor den Fenstern hängen Blumenkästen. Innen sieht es ebenso komfortabel aus, mit gerade aus dem Fels geschabten, gestrichenen und geschmückten Wänden. Strom und Wasser sind vorhanden, nur die Fenster fehlen. Dadurch ist das Raumklima jedoch deutlich besser als in gemauerten Häusern: im Winter wird es nicht kalt und im Sommer bleibt es angenehm frisch.

SPECIAL

Die Altkanarier

Die Frage, woher die vorspanische Bevölkerung kam, ist immer noch nicht endgültig geklärt. Mehrere ernsthafte Theorien versuchen, Licht ins Dunkel um die Altkanarier zu bringen. Vieles spricht dafür, dass ein Teil von ihnen Berber waren, die von den Römern vertrieben wurden und auf den Kanaren Zuflucht fanden: Die Parallelen in Sprache und Keramik sowie Ähnlichkeiten in der Felsmalerei sind nicht zu übersehen.

Wahrscheinlich trafen sie schon auf andere Inselbewohner – eine Besiedelung seit 2000 Jahren ist nachgewiesen. Vielleicht hat man von ihren Schiffen deshalb keine Überreste gefunden, weil sie aus Schilf bestanden? Den vielen offenen Fragen zum Trotz weiß man über die Steinzeitkultur der Altkanarier eine ganze Menge: Sprache, politische Organisation und Kultur waren von Insel zu Insel unterschiedlich. Auf Gran Canaria gab es nur ein Erbkönigtum und eine Adelskaste, in die man gewählt werden konnte. An ihrer Spitze stand der *faycan,* oberster Richter und Priester in einer Person – eine Position, die übrigens häufig eine Frau innehatte. Die Organisation des Staates war erstaunlich demokratisch, auch das Privatleben basierte auf Gleichberechtigung: Ehen schlossen und schieden die Partner aus freien Stücken; Frauen waren auch als Kriegerinnen im Einsatz.

Die Altkanarier kannten weder Rad noch Wagen, nicht Pfeil und Bogen, auch Eisen (es gibt keine Bodenschätze) war unbekannt. Sie behielten bis ins Mittelalter hinein ihre Steinzeitkultur. Bevorzugte Wohngebiete waren Höhlensysteme, in denen ganze Dorfgemeinschaften Platz fanden. Die Ureinwohner ernährten sich u.a. von Früchten. Schweine, Schafe, Ziegen und Hunde lieferten nicht nur Fleisch, sondern auch Material für Decken und Kleider. Natürlich waren auch Fisch und Meeresfrüchte auf dem Speiseplan, ebenso wie Beeren, Datteln, Pilze und Wurzeln: Das kanarische Nationalgericht *gofio* wurde ursprünglich aus Farnwurzeln hergestellt.

Felszeichnungen fand man auf der Insel in Form geometrischer, manchmal farbiger Muster. Die Petroglyphen oder *grabados* wurden mancherorts mit Stempeln *(pintaderas)* farbig verziert.

Und wo sind sie geblieben, die Altkanarier? Diejenigen, die nicht von den Eroberern hingemetzelt oder als Sklaven verkauft wurden, vermischten sich mit den ersten Kolonisatoren.

Spurensuche

In einigen Museen und Ausgrabungsstätten findet man Relikte der Altkanarier und Zugang zu ihrer archaischen Kultur (Beschreibung der Sehenswürdigkeiten bei den jeweiligen Orten).

- **In Las Palmas:** Museo Canario
- **Im Osten:** Barranco de Guayadeque, Cuatro Puertas, Telde
- **Im Süden:** Arteara, Mundo Aborigen, Santa Lucía
- **Im Norden:** Cenobio de Valerón, Gáldar, Nekropole La Guancha (nicht zugänglich)
- **Im Zentrum:** Acusa, Artenara, Roque Bentayga

Venus der Guanchen im Museo Canario, Las Palmas

Gofio, die kanarische Kraftnahrung

In Supermärkten, in denen überwiegend Einheimische einkaufen, findet man neben dem Auszugsmehl, mit dem es leicht zu verwechseln ist, noch *gofio:* aus Weizen, aus Gerste und als Mischung. Das volle Korn wird vor dem Mahlen geröstet – der Röstvorgang ersetzt das Garen durch Backen oder Kochen. Anschließend ist der *gofio* verzehrfertig. Kochen darf man ihn auf keinen Fall, sonst verliert er seine Fähigkeit, Flüssigkeit zu binden. Verwendet wird das Mehl heute noch auf verschiedene Weise: Mit Wasser zu Würsten verknetet wird es bei der Feldarbeit eine vollständige Mahlzeit, für Kinder wird *gofio* in Milch verrührt, in Suppen streut es die ganze Familie, Soßen werden damit angedickt, selbst im Wein ist der leicht malzige Geschmack lecker.

Die Iglesia de San Sebastián erhebt sich über Agüimes

Hotel

Casa de los Camellos und Villa de Agüimes ●●

Zwei der restaurierten Altstadtgebäude wurden in Hotels ungewandelt, die von der Fachhochschule mit großer Sorgfalt geführt werden. Sie sind im Landhausstil und mit Antiquitäten eingerichtet.

- Calle Progreso 12
- Tel. 928 78 50 03
- www.hecansa.com

Restaurants

El Oroval ●●

Mehrfach schon Sieger im Wettbewerb der Restaurants mit kanarischer Küche ist das Restaurant im oben genannten Hotel.

- Hotel Casa de los Camellos
- Calle Progreso 12
- Tgl. 13–16, 20–22 Uhr

Tasca Canaria ●

Einfaches, aber gutes Lokal ebenfalls mit kanarischer Küche.

- Plaza San Antón
- Mo–Sa 10–23 Uhr

Shopping

Im Einkaufszentrum Atlántico (im Gewerbegebiet nahe Vecindario) sind alle Artikel besonders preisgünstig.

Arinaga

Das kleine Fischerstädtchen an der Küste vor Agüimes ist bekannt für seine Fisch- und Langustenrestaurants und die attraktive Promenade. Dennoch ist es bei Urlaubern vorläufig noch ein Geheimtipp.

Zwischenstopp: **Restaurant**

Hornos de Cal ●●

Bei dem Lokal in zwei nebeneinander liegenden ehemaligen Kalköfen ist schon die Architektur ein Erlebnis. Fisch gibt es in vielen Varianten, besonders empfehlenswert ist der Eintopf Zarzuela.

Erst-klass

- Promenade
- Tel. 928 73 80 71
- Tgl. 12–24 Uhr

Klassische kanarische Architektur in Teror

Der Norden

Das Beste!

- An einer Rumprobe in Arucas teilnehmen › S. 112
- Die Virgen del Pino – Gran Canarias Schutzpatronin – im Wallfahrtsort Teror besuchen › S. 114
- Die Cueva Pintada erforschen › S. 118–119
- Sich fangfrischen Fisch in Puerto de las Nieves schmecken lassen › S. 121

› Karte S. 108

Die Wiege der Grancanarios liegt hier im fruchtbaren Norden. Bei Ausgrabungen wurden zahlreiche Kultstätten der Altkanarier freigelegt und führen heutige Besucher zurück in die Steinzeit. Die Landwirtschaft sorgte für wohlhabende Städte, die ihren Reichtum vor allem in beeindruckenden Kirchen zeigen.

Der Norden, der grünste Teil der Insel, ist auch der landwirtschaftlich wichtigste. Bereits in der Vergangenheit war der Norden immer das wirtschaftliche und kulturelle Zentrum. Die Altkanarier siedelten hier; der Cenobio de Valerón ist seit Langem ein wichtiger Hinweis darauf. Eines ihrer Zentren war Gáldar, wo seit 2006 in einem Museumspark wichtige Kultstätten wieder zugänglich sind. Die vorspanischen Bewohner nutzten, ebenso wie in den letzten Jahrhunderten die Spanier, die Fruchtbarkeit des Landstrichs. Die Passatwolke staut sich von Norden kommend vor dem Zentralmassiv. So bringt sie nicht nur Schatten, sondern auch Regen: Mit durchschnittlich 1000 mm Niederschlag in Höhen über 800 m ist der Norden Gran Canarias regenreicher

Touren im Norden

Tour 11 **Kulturstädte abseits vom Tourismus** Las Palmas › Arucas › Teror › Firgas › Moya › El Roque › Las Palmas

Tour 12 **Heiligtümer der Altkanarier** Las Palmas › Cenobio de Valerón › Gáldar › Agaete › Puerto de las Nieves › Las Palmas

als mancher Landstrich in Deutschland. Erst der Zuckerrohanbau, in seinem Gefolge die Rumherstellung und später Bananenplantagen, schafften die Voraussetzung für den Ausbau der schönen Altstädte von Arucas, Teror und Gáldar.

Die Bürger dokumentierten ihren Reichtum durch Investitionen in Sakralbauten: Kirchen, die – wie in Arucas – den gesamten Ort dominieren, oder sich harmonisch ins Ortsbild einfügen wie die Basílica de Nuestra Señora del Pino in Teror.

Schlichte Schönheit strahlt das Städtchen Agaete im Nordwesten aus. Es liegt am Zugang zum Barranco de Agaete, dem fruchtbarsten Tal Gran Canarias. Von Feuchtigkeit verwöhnt und von Winden geschützt wachsen hier tropische und subtropische Früchte gleichermaßen.

Sonntagsmarkt in Teror

Bezaubernd in seiner Schlichtheit ist auch der Fischerort Puerto de las Nieves. Er ist ein beliebtes Ziel für die Hauptstädter, die hier am Wochenende gern fangfrischen Fisch genießen. Der Norden ist weitgehend touristenfreie Zone. Es gibt nur wenige Landhotels, dafür aber restaurierte und gepflegte städtische Kleinode, die auf Besucher warten.

Touren in der Region

Tour 11 Kulturstädte abseits vom Tourismus

Tour-Übersicht:

Verlauf: **Las Palmas › Arucas › Teror › Firgas › Moya › El Roque › Las Palmas**

Distanz: ca. 80 km, reine Fahrzeit 2,5 Stunden.

Praktische Hinweise:
Die Tagestour lässt sich nur im Pkw bewältigen. Mittagessen kann man gut in Teror oder auf dem Rückweg im Dorf El Roque an der Küste in einem besonderen Restaurant.

Tour-Start:

Diese Tour führt zu den alten Kulturstädten des Nordens. Kurz vor Arucas erhebt sich der Hausberg der Stadt, die **Montaña de Arucas.** Von hier oben fällt der Blick auf ***Arucas** › S. 111 mit seiner riesigen neugotischen Kathedrale. Bekannt ist die Stadt aber vor allem für den schon seit 1884 in der Destilería Arehucas hergestellten Rum. Eine landschaftlich reizvolle, kurvenreiche Strecke führt nach ****Teror** › S. 114. Bemerkenswert sind hier die typisch kanarischen Häuser des 16. und 17. Jhs. mit ihren Erkern und Holzbalkonen; außerdem beherbergt die Basílica de Nuestra Señora del Pino die Schutzpatronin der Insel, die Hl. Jungfrau von der Pinie. **Firgas** › S. 115, die nächste Station, ist auf den gesamten Kanaren bekannt, denn das kanarische Mineralwasser kommt von hier. Die Straße nach **Moya** › S. 116 passiert eindrucksvolle Schluchten und führt an den letzten wilden Lorbeerbäumen dieser Gegend vorbei. Vorne an der Küste vor Moya liegt das Felsendorf **El Roque** › S. 116; vor allem in der Abenddämmerung ist es hier sehr malerisch. Zurück geht es am schnellsten über die Autobahn.

Tour 12 Heiligtümer der Altkanarier

Tour-Übersicht:

Verlauf: **Las Palmas › Cenobio de Valerón › Gáldar › Agaete › Puerto de las Nieves › Las Palmas**

Distanz: 100 km, reine Fahrzeit ca. 3 Stunden

Praktische Hinweise:
- Diese Tagestour lässt sich nur mit dem Pkw durchführen. Restaurants gibt es in allen Orten. Ein schöner Abschluss des Tages ist ein Terrassenplatz in einem der Fischrestaurants in Puerto de las Nieves bei Sonnenuntergang.
- Montags sind die Ausgrabungsstätten geschlossen!
- Im archäologischen Park in Gáldar findet eine Führung auf Deutsch Di–Sa um 15 Uhr statt.

Tour-Start:

Die wichtigsten archäologischen Ausgrabungsstätten werden mit dieser Tour besucht. Am schnellsten führt die Autovía del Norte entlang der Nordküste in Richtung Westen. Auch wenn sich herausgestellt hat, dass es sich beim **Cenobio de Valerón** › **S. 117** nicht um eine Klosteranlage altkanarischer Priesterjungfrauen, sondern um Getreidespeicher handelt, allein die Zahl von fast 300 Höhlen ist beeindruckend. Noch überwältigender ist der Besuch der bemalten Höhle, die ****Cueva Pintada,** im nahegelegenen **Gáldar** › **S. 117**. Der Ort hat eine lange Tradition als Inselhauptstadt. Weithin sichtbar leuchten die weißen, kubischen Häuser von ***Agaete** › **S. 118**, einem Ort, der am Beginn des fruchtbaren ****Barranco de Agaete** › **S. 120** liegt. Die subtropisch anmutende Schlucht zählt zu den schönsten der Insel. Zum Abschluss der Tour bietet sich ein Essen in einem der Fischrestaurants des kleinen Hafenstädtchens ****Puerto de las Nieves** › **S. 121** an – bei entsprechender Sicht mit Blick auf Teneriffa.

Unterwegs im Norden

*Arucas 1

Schon von weitem kündigt sich die drittgrößte Stadt Gran Canarias an. Die 402 m hohe **Montaña de Arucas,** der mit Zufahrtsstraße und Restaurant zum Aussichtspunkt ausgebaute Hausberg des Ortes, erhebt sich zwischen Küste und Stadt. Nichts macht die ausladenden Dimensionen der Kathedrale genannten Hauptkirche im Verhältnis zur Stadt so deutlich wie der Blick von hier oben.

Als eine der wasserreichsten Gegenden der Insel bot Arucas ideale Voraussetzungen für die damals lukrativen Zuckerrohrplantagen; in ihrer Folge entstanden zahlreiche Rumdestillen. Der Reichtum aus Zuckerrohr, Rum und Bananenplantagen zeigt sich noch heute in der schönen Altstadt. Er verführte

Die riesige Kathedrale von Arucas

Rumfässer in der Destilería Arehucas

Anfang des letzten Jahrhunderts auch zum Bau der Kathedrale aus schwarzem Lavagestein. Der Bau der riesigen **Iglesia de San Juan Bautista** wurde 1909 begonnen, abgeschlossen ist sie noch nicht. Vorbild soll die von dem berühmten Jugendstilarchitekten Antoni Gaudí (1852–1926) entworfene *Sagrada Família* in Barcelona gewesen sein. Als bedeutendstes Kunstwerk gilt der »Ruhende Christus« des kanarischen Bildhauers Manuel Ramos Gonzáles (1899–1971).

Von der Kirche aus lohnt sich ein Bummel über die dahinterliegende Plaza San Juan – die Anlage geht auf das 17. Jh. zurück – und weiter durch die Calle Gourie. Hier versteckt sich hinter einem schmalbrüstigen Eingang die weitläufige **Casa de la Cultura,** ein typisch kanarischer Bau mit Innenhof und Galerien. Die Straße führt auf die Calle León y Castillo mit Häuserzeilen aus dem 19. Jh.

Die Stiftung **Mafre Guanarteme** zeigt in Nr. 6 hinter einer eklektizistischen Fassade wechselnde Ausstellungen. Auf der Plaza de la Constitutión fallen rechts das imposante Rathaus aus dem 19. Jh. auf und links die Front der alten Markthalle, hinter der sich ein modernes Einkaufzentrum versteckt.

Geradeaus geht es in den Stadtpark mit vielfältigen Pflanzen und einem weiten Blick in den Nordwesten. Das **Stadtmuseum** hat hier in einem Gutshof aus dem 19. Jh. seinen Platz.

SEITENBLICK

Unter dem Bauch des Esels

Gran Canarias berühmter blauer Himmel ist im Norden häufiger wolkenverhangen als in anderen Inselteilen. Das hat ihm den lustigen Namen *la panza del burro* eingetragen, »der Bauch des Esels«. Der Spitzname erklärt sich so: Früher suchte sich der Bauer zur Siesta einen schattigen Platz. Mangelte es an Bäumen, dann legte er sich eben unter einen Esel. Und schaute er nach seinem Mittagsschlaf nach oben, erblickte er das Grau des Schattenspenders – den Bauch des Esels oder die Passatwolke.

Bis heute ist Arucas für seine Rumherstellung berühmt, wenngleich der Rohstoff inzwischen importiert wird. Bei einem Besuch in der **Rumfabrik Destilería Arehucas** befindet man sich in guter Gesellschaft. Juan Carlos, König von Spanien, Willy Brandt und viele bekannte Persönlichkeiten waren hier und haben Fässer signiert.

Produziert werden heute etwa 50 000 l Rum täglich, darunter der einfache *Ron Blanco*, der meist für Cocktails verwendet wird, der dreijährige *Ron Oro* und der 12jährige teure *Ron Anejo*. Doch nicht nur Rum verlässt die Fabrik, auch Bananenlikör. Bei einer Besichtigung wird der gesamte Produktionsablauf gezeigt; am Ende darf probiert werden (Era de San Petro, Mo–Fr 9–14 Uhr, Tel. 928 60 60 50, www.arehucas.es, Eintritt frei).

Erst-! klassig

Info

Concejalía de Turismo

- Calle Leon y Castillo 10
- Tel. 928 62 31 36
- www.arucasturismo.com
- Mo–Fr 8–16 Uhr

Hotel

La Hacienda de Buen Suceso ●●●

Das Landgut von 1572 inmitten eines riesigen Anwesens ist heute ein stilvolles Hotel. Die 18 Zimmer sind mit Himmelbetten ausgestattet. Mit schönem Restaurant, Pool, Terrassen und Sportangeboten.

Erst-! klassig

- Ctra. Arucas–Bañaderos, km 1
- Tel. 928 62 29 45 | Fax 928 62 29 42
- www.haciendabuensuceso.com

Restaurant

Mesón de la Montaña ●●

Aussichtslokal mit großer Terrasse auf dem Hausberg mit kanarischen Spezialitäten.

- Montaña de Arucas
- Tel. 928 60 14 75
- Tgl. 11–20 Uhr

SEITENBLICK

Eine Jungfrau mit vielen Titeln

Es fing schlicht an: Die Gestalt der Jungfrau Maria erschien – laut Legende am 8. September 1481 – dem Bischof Juan Frías in den Zweigen einer Kiefer. Fortan war sie die *Virgen del Pino*, und an jenem Baum wurde sie in den ersten Jahren auch verehrt. 1514 wurde eine Kapelle gebaut. Nachdem der Muttergottes wundersame Hilfe bei Not und Krankheit nachgesagt wurde, entwickelte sich ein wahrer Wallfahrtstourismus zu ihrer Statue. Die Kapelle musste einer Kirche weichen und die Kirche 1767 der Basilika.

1914 ernannte Papst Benedikt XV. die Jungfrau zur **Schutzpatronin der Kanaren.** Sehr zum Ärger der Gläubigen der Nachbarinsel Teneriffa, die ihre eigene Jungfrau, die *Virgen de Candelaria*, haben. 1929 erhob sie König Alfonso XIII. in den militärischen Rang eines **Capitan General.**

Die Madonna wird nicht nur mit Titeln verwöhnt. Wer eine Bitte an sie richtet, unterstreicht diese häufig mit Geschenken. Kostbare Kleidung und Juwelen sind deshalb in ihrem Besitz. Die gotische Marienfigur steht die meiste Zeit des Jahres in der Altarkapelle an der Rückseite der Basilika. Dort kann man täglich von 13 bis 15 Uhr auch ihre reichhaltige Ausstattung bewundern (Eintritt 1,50 €). An jedem 8. September aber ziert sie den Hauptaltar, und Tausende aus allen Städten und Dörfern der Insel machen sich zur Wallfahrt nach Teror auf, der größten Fiesta Gran Canarias.

› Karte S. 108

8 **Teror 2

Die kleine Stadt gilt als das Kleinod kanarischer Baukunst. Prächtige Bürgerhäuser mit reich geschnitzten Holzarbeiten an Fenstern, Türen und Balkonen stehen an der Plaza vor der Hauptkirche und die Calle Real hinauf. Autos bleiben aus der Altstadt ausgesperrt.

Teror ist Sitz von Gran Canarias Schutzheiliger, der *Virgen del Pino*. Die »Heilige Jungfrau von der Pinie« gilt als wundertätig. Dem Städtchen bescherte sie über Jahrhunderte den Sitz des Bischofs; der frühere **Bischofspalast** steht direkt am Ortseingang, an der mit Drachenbäumen und Palmen bestandenen Plaza de Pio II. Heute sind hier das Kulturzentrum und die Stadtbibliothek untergebracht.

Am zentralen Platz der Altstadt steht die Heimstatt der Schutzheiligen, die **Basílica de Nuestra Señora del Pino** (tgl. 9–19 Uhr). Sie besticht durch ihre klar gegliederte, sehr schön geschwungene Barockfassade, die 1767 fertiggestellt war. Optisch und stilistisch fällt nur der gelbe achteckige Turm heraus, er war das besondere Schmuckstück der früheren Basilika. Auf dem Altar steht die Figur der Schutzpatronin aber nur noch an hohen Feiertagen; die meiste Zeit verbringt sie in einer eigenen Kapelle an der Rückseite der Basilika. Gegenüber der Kirche liegt das **Museo de los Patrones de la Virgen del Pino** im einstigen Sommersitz einer der ältesten Adelsfamilien, Manrique de Lara – ein herrliches Beispiel für die Wohnkultur der Reichen mit mehreren Höfen, Balkonen und der originalen Einrichtung (Mo–Sa 11–13, 15–18, So 10–14 Uhr, Eintritt 2 €, Kinder frei).

Erst klas

Wasser ist ein wichtiges Thema in dem kleinen Ort Firgas

Den schönsten Blick auf Moya hat man vom gegenüberliegenden Barranco

Nur wenige Schritte nach Süden sind es zur hübschen **Plaza Teresa de Bolivar.** Der Name erinnert an die Frau des südamerikanischen Freiheitshelden Simón Bolivar, deren Vorfahren von Teror nach Venezuela ausgewandert waren – wie viele Kanarier vor und nach ihr.

Info

Touristeninformation

- Calle Casa Huerta 1 (zwischen Parkhaus und der Plaza del Pio II)
- Mo–Fr 9.30–16.30 Uhr
- www.teror.es

Restaurant

El Rincón de Magüi ●

Das traditionsreiche Lokal nahe dem Platz Teresa Bolivar serviert kanarisch-spanische Hausmannskost.

- C. Diputación 6
- Tel. 928 63 04 54
- Mo geschl.

Shopping

rst-! lassig

Die stillen Plätze sind sonntags während des Markts kaum wieder zu erkennen: zwischen 9 und 14 Uhr sind Alt und Jung auf den Beinen. Es gibt Korbflechtereien und Stickereien, süße Kuchen und Marzipan der Nonnen aus dem Kloster der Zisterzienserinnen, Heiligenbildchen und Antiquitäten, Kleidung, Käse, eingelegte Oliven, Gemüse und Obst, aber auch das übliche Flohmarktangebot. Während der Marktzeit sind auch die Geschäfte in der Altstadt geöffnet.

Firgas 3

Das nicht weit von Teror entfernte Dorf ist bekannt für sein Mineralwasser, das aus den Quellen der 15 km entfernten Schlucht Las Madres stammt und auf allen Kanarischen Inseln erhältlich ist.

Wasser ist auch im Ortszentrum allgegenwärtig: Flankiert von **Fliesenkunst** – 22 Keramikbänke mit Orts- und Landschaftsansichten und den Wappen vieler canarischer Orte – rauschen Wasserkaskaden den Paseo de Gran Canaria hinunter.

› Karte S. 108

Ein idyllisches Plätzchen für eine Rast ist das auf einer Felsnase liegende Dorf El Roque

Moya 4

Im Ort kann man das Geburtshaus des für Gran Canaria wichtigen Poeten und Arztes Tomás Morales (1884–1921) besichtigen (Paseo de Tomás Morales 1, Mo–Fr 9–14 Uhr). Die mächtige **Iglesia del Pilar** erhebt sich äußerst kühn über den Felsen der Schlucht. Die markanteste Gesamtansicht auf Moya ergibt sich bei der Anfahrt von dem gegenüberliegenden Barranco.

Das vor allem für Botaniker interessante Ziel liegt jedoch einige Kilometer außerhalb des Dorfes: In Richtung Santa María de Guía hat sich noch ein Rest des ursprünglichen Lorbeerwalds mit seiner artenreichen Flora erhalten – **Los Tilos de Moya** steht heute unter Naturschutz.

El Roque 5

Am Küstenstreifen von Moya ragt ein lang gestreckter Felsen ins Meer, und auf den Felsen klammert sich malerisch das Dorf El Roque. Hinein kommt man nur auf einer schmalen wie von den Fischerhäusern zusammengedrückten Gasse. Am Ende des Felsens weitet sich die Gasse zu einem kleinen Platz mit Restaurantterrasse. Von hier aus hat man einem fantastischen Blick auf Las Palmas. Bei Sonnenuntergang leuchten seine Häuser goldfarben.

Zwischenstopp: **Restaurant**

El Roque ●●

Hier kann man nur einen Café oder *vino* trinken, aber zu den Mahlzeiten werden die Tische schön in weiß gedeckt und gut zubereitete Gerichte angeboten.

Cenobio de Valerón 6

Das Cenobio de Valerón ist eine der wichtigen archäologischen Fundstellen der Insel. In einer Steilwand unter einem Basaltbogen sind rund 300 Höhlen in den Tuffstein gegraben. Sie wurden lange Zeit für eine Klosteranlage der *Harimaguadas*, altkanarischer Ehrenjungfrauen, gehalten (*cenobio* bedeutet Kloster). Im Besucherzentrum wird erläutert, warum die Wissenschaft inzwischen davon ausgeht, dass die Höhlen als Getreidespeicher dienten. Die Anlage ist über eine Treppe zu erreichen. Oberhalb der Höhlenanlage befindet sich ein *tagoror*, ein runder Versammlungsplatz der Altkanarier (an der GC 291, km 21; Di–So 10–17 Uhr, im Sommer bis 18 Uhr).

Gáldar 7

Gáldar war die erste spanische Hauptstadt Gran Canarias und zuvor das Zentrum eines der beiden vorspanischen Reiche.

An der östlichen Stadteinfahrt steht eine hohe Skulptur, die drei altkanarische Prinzessinnen darstellt. In der Stadt trifft man auf ein weiteres Denkmal: der letzte Fürst Guanarteme, der sich taufen ließ und mit den spanischen Eroberern kollaborierte. Nahezu alle Namen von Straßen und Plätzen weisen auf die vorspanische Vergangenheit hin.

Auf den ersten Blick wirkt der Ort nicht sehr einladend; hat man jedoch einmal vor der Kirche die geruhsame **Plaza Santiago de los Caballeros** mit ihren schattenspendenden Lorbeerbäumen erreicht, zeigt Gáldar eine andere Seite. Die Plaza steht in ihrer Gesamtheit als

Bananenanbau in Gáldar

geschichtlich und künstlerisch besonders wertvoll unter Denkmalschutz. Auffälligster Bau ist die gleichnamige Kirche mit neoklassizistischer Fassade. Sie wurde über dem Palast des früheren Herrschers Guanarteme errichtet. An der Plaza steht auch das klassizistische Rathaus. Die Krone des den Innenhof dominierenden Drachenbaums, angeblich einer der ältesten der Kanarischen Inseln, überragt sogar das Gebäudedach.

9 Das ****Museo y Parque Arqueológico Cueva Pintada** › **S. 119** wurde an der wichtigsten Ausgrabungsstätte des Archipels, einem Teil der vorspanischen Stadt Agáldar, angelegt.

Er gliedert sich in vier Bereiche: das Museum mit Ausstellungen von Fundstücken und zwei Kinosälen (Filme auch auf Deutsch), in denen Besucher durch eine dreidimensionale Zeitreise in den Alltag der Altkanarier versetzt werden.

Im Außenbereich schließen sich Teile des ausgegrabenen Agáldar an; es folgen der Höhlenkomplex der Cueva Pintada und rekonstruierte Häuser und Gehöfte (Calle Audiencia 2, Di–Sa 9.30–20, So 11–20 Uhr, Eintritt 6 €, Kinder unter 10 Jahren frei; Führung auf Deutsch Di–Sa ab 15 Uhr).

Info

Touristeninformation

- Plaza Santiago de los Caballeros 1 (im Rathaus)
- Tel. 928 89 58 55
- Fax 928 55 03 94
- Mo–Fr 9–14 Uhr

Sardina del Norte 8

Der kleine Fischerort schmiegt sich mit seinem feinen gelben Sandstrand in eine geschützte Felsenbucht. Viele Wohnungen und Lagerräume sind als Höhlen in den Berg gegraben. Bei einem Gang an der Küste entlang kann man es erkennen, und gleichzeitig wird man mit einem großartigen Blick entlang der Westküste belohnt. Ein echtes Höhlengefühl hat man in der Bar La Cueva hinter dem Strand.

Erst-klass

Restaurants

Zwei Restaurants bieten frische Fischgerichte; sie liegen direkt an der Küstenstraße (Avda. Antonio Rosas):

- Einfach und urig ist das **El Ancla (●)**, Tel. 928 55 14 96.
- **La Fragata (●●)** ist ein gepflegtes Lokal, in dem auch Muscheln, Langusten und Krebse serviert werden. Am Wochenende wird es voll, sonst ist es ausgesprochen ruhig. Mo geschl.

*Agaete 9

Am Eingang einer der schönsten Schluchten Gran Canarias gelegen, präsentiert sich Agaete mit seinen kubischen, weiß gestrichenen Häusern mit Holzbalkonen als unverfälschte kanarische Kleinstadt. Im Zentrum steht die Pfarrkirche **Iglesia de la Concepción** aus dem 19. Jh., von deren Vorplatz sich schmale Gassen hinauf in die grüne, fruchtbare Schlucht ziehen.

Besonders stolz ist Agaete auf den **Huerto de las Flores**. Der kleine Botanische Garten zeichnet sich

SPECIAL

Cueva Pintada

Einmal zu den Altkanariern in die Jungsteinzeit und zurück? Kein Problem, die 3D-Animationskinos im **Museo y Parque Arqueológico Cueva Pintada** in Gáldar machen es möglich. Und das nicht irgendwo, sondern am historisch authentischen Ort.

Gáldar war vor der Eroberung der Insel durch die Spanier unter dem Namen Agáldar Zentrum eines der beiden vorspanischen Reiche auf Gran Canaria. Durch Dokumente ist belegt, dass der Ort bei der Eroberung über ein Straßennetz, Paläste, Wohnungen und Kultstätten teilweise in Höhlensystemen, verfügte. 1483, nach fünf Jahren ergebnislosem Eroberungskampf, gelang es den Spaniern schließlich, die Stadt zu erobern. Nach ihrem Sieg wurde Agáldar nach und nach überbaut sowie zerstört und geriet in Vergessenheit.

Wiederentdeckt hat es ein Bauer im Jahr 1873. Er zwängte sich durch eine enge Öffnung im Boden und fiel in eine Höhle, an deren Wänden er Zeichnungen und Malereien entdeckte. Seither wird sie *cueva pintada* (bemalte Höhle) genannt. Es dauerte fast ein Jahrhundert, bis die Höhle unter Denkmalschutz gestellt wurde, und weitere 10 Jahre, bis Ausgrabungsarbeiten begannen.

Die Archäologen stießen auf Grundrisse und Mauern von mehr als 35 Wohnstätten und Gehöften. Sie hatten den bedeutendsten archäologischen Fund der Kanaren gemacht: Teile des alten Agáldar. Die Ausgrabungen zeigen mehr über das vorspanische Leben als alle anderen Fundstätten im Archipel. Die Historiker haben Agáldar für Besucher wieder Leben eingehaucht. Infos: www.cuevapintada.org; auch auf Deutsch.

› Karte S. 108

Der Barranco de Agaete ist das fruchtbarste Tal der Insel

weniger durch Blumen als durch seltene Bäume und angenehmen Schatten aus. Er liegt im Zentrum an der Calle Huertas (ausgeschildert; Mo–Fr 8–12 Uhr).

Hotel

Casa Luna ●●

Eine *casa rural* mitten im Dorf mit drei Doppelzimmern, freundliche deutsch-kanarische Leitung.

- C. Guayarmina 42
- Tel. 928 55 44 81
- www.grantural.com

10 Ausflug in den **Barranco de Agaete

Sein Wasserreichtum und der nährstoffhaltige Boden lassen das 10 km lange Tal subtropisch anmuten. Einen Besuch sollte man sich deshalb nicht entgehen lassen. Die Straße GC 231 endet hinter dem ehemaligen Hotel Los Berrazales.

Weiße Häuschen werden von lila und karminroten Bougainvilleen umrankt, auf kleinen Obstplantagen wachsen alle Südfrüchte dieser Erde: Avocados, Apfelsinen, Mandarinen, Mangos und Zitronen; hohe Papayabäume stehen im Tal entlang dem Bachbett neben Bananenstauden, selbst Kaffeesträucher sind auf den höheren Terrassen anzutreffen. Dazwischen ragen überall die wegen ihrer üppigen Wedel unverwechselbaren kanarischen Dattelpalmen hervor. Und ganz oben auf den Felsen behauptet sich die Kanarische Kiefer, die mit ihren langen feinen Nadeln die Wolken auskämmt.

Hotel

Finca Las Longueras Hotel Rural ●●
Mehr ein Rittergut als ein Bauernhaus, besitzt das kleine Hotel Salons und einen romantischen Garten. Die sieben eher kleinen Zimmer sind stilvoll mit Antiquitäten und allem Komfort eingerichtet. Wegen der etwas versteckten Lage im Tal sollte man sich einen Wagen mieten.

- El Valle s/n | Agaete
- Tel. 928 89 81 45
- www.laslongueras.com

**Puerto de las Nieves 10

Wildromantisch bis dramatisch gestaltet sich die Landschaft um den kleinen Fischerort an der Küste bei Agaete, die hier mehrere hundert Meter tief zum Meer abfällt. Der auf den Kanaren gar nicht so seltene Name rührt von der Kapelle für die *Virgen de las Nieves* (»Jungfrau vom Schnee«) her, der Schutzpatronin der Fischer.

In Puerto de las Nieves, dem lange Zeit verträumten alten Fischerhafen, begann der Aufbruch in die Neuzeit 1995 mit der Eröffnung der Fährverbindung zum gegenüberliegenden Santa Cruz de Tenerife. Seither wird viel gebaut: eine neue Mole, größere Hafenanlagen und hinter der Kulisse der alten Fischerhäuschen zahlreiche Wohn- und Ferienhäuser. Alles glücklicherweise im ortstypischen Stil, relativ niedrig und immer weiß verputzt mit blauen Schmuckelementen.

An der Hafenpromenade, die den steinigen Strand mit dem Hafen verbindet, gibt es jede Menge urige und moderne Fischrestaurants. Hochbetrieb herrscht am Wochenende, wenn die Hauptstädter für einen Tagesausflug gut 60 km fahren, um das Ambiente und den frischen Fisch zu genießen. Von Montag bis Freitag bestimmen hier jedoch Gemächlichkeit und Ruhe den Tagesablauf, von Urlaubern geschätzt, von den Einheimischen gefürchtet. Zwar verkaufen Fischerfrauen den frischen Fang noch immer aus Zinkwannen direkt auf der Straße, aber von mehreren hundert Fischern früher sind nur noch ungefähr 50 übrig geblieben, für die sich das Geschäft kaum noch lohnt.

Erst-! klassig

Statt der beschaulichen Ruhe hätten die Einheimischen lieber mehr Arbeitsplätze – auch durch den Tourismus. Mit einem Hotel ist der

SEITENBLICK

Bajada de la Rama

Berühmt ist das Fischerdorf für ein Fest, das von Einheimischen und Gästen ausgelassen gefeiert wird: Jedes Jahr am 4. August werden von den Einwohnern von Agaete und Puerto de las Nieves bei der **Bajada de la Rama** (Prozession des Zweiges) frische Zweige aus den Bergen geholt und – begleitet von traditionellen Tänzen – zum Hafen getragen. Dort peitscht man damit das Meerwasser.

Dieses Ritual stammt noch aus heidnischen Zeiten, es soll Regen und Fruchtbarkeit bringen.

› Karte S. 108

Hafen in Puerto de las Nieves

Anfang gemacht, Apartmentanlagen sind im Bau.

Die Kapelle **Ermita de las Nieves** nimmt sich gegen die kirchlichen Monumentalbauten in anderen Inselorten wie ein Spielzeug aus. Sie birgt ein Kleinod flämischer Malerei: ein Triptychon von Joos van Cleve aus dem 16. Jh. Das Hauptbild zeigt Maria mit dem Kind, die Seitenflügel die heiligen Franziskanermönche Franz von Assisi und Antonius von Padua. Aus dem 16. Jh. stammt auch der Altarraum, während das Kirchenschiff 200 Jahre jünger ist – beide sind mit sehenswerten Arbeiten im Mudéjar-Stil versehen. Sehenswert sind auch die zahlreichen Votivgaben im Kirchenschiff und in der Sakristei. Zumindest vorläufig wird die Kirche nur noch während der Fiesta Bajada de la Rama geöffnet. Wer sie dennoch besuchen möchte, muss sich vorab mit dem Kurator im Rathaus von Agaete (Tel. 928 89 82 56) in Verbindung setzen.

Info

Touristeninformation

- Calle Virgen de las Nieves 1
- Tel. 928 55 43 82
- Mo–Fr 10–14, im Winterhalbjahr bis 17 Uhr, Sa 9–13 Uhr

Fähre

Mit dem **Bonanza Express** der Linie Fred. Olsen erreicht man in nur einer Stunde Teneriffa. Da bleibt genügend Zeit, die Hauptstadt der Nachbarinsel bis zum Abend zu erkunden. Die Fähre verkehrt viermal täglich, Ticketverkauf ist am Hafen, der Fahrpreis hin und zurück beträgt etwa 85 €; viele Sonderpreisaktionen.

- Tel. 928 23 46 11 | Fax 928 29 23 54
- www.fredolsen.es).

Hotel

Hotel Puerto de las Nieves ●●

Ein elegantes Vier-Sterne-Haus mit 12 Suiten und 18 Zimmern. Es bietet ein umfangreiches Spa- und Wellnessprogramm. Neben Massagen und diversen Anwendungen stehen den Gästen elegante Badeanlagen zur Verfügung.

- Avda. Alcalde José de Armas
- Tel. 928 88 62 56
- www.hotelpuertodelasnieves.com

Restaurants

Die großen und etwas teuren Restaurants an der Calle Virgen de las Nieves haben zwar einen guten Blick, aber keine Terrasse. Die bieten dafür die kleinen am Paseo de las Poetas wie das **Vistamar** (●) in der Nr. 1.

- Di–So 11–23 Uhr

Blick auf Tejeda und den »Felsendom« Roque Bentayga

Das Zentrum

Das Beste!

- **Zum magischen Roque Nublo**, einem Wahrzeichen Gran Canarias, wandern › S. 128
- **Die Promenade von Tejeda** entlangschlendern › S. 130
- **Vom Cruz de Tejeda** den Blick über Berge und Schluchten schweifen lassen › S. 131
- **Höhlenkapellen und -restaurants** in Artenara besuchen › S. 132

› Karte S. 124

Ein ideales Gebiet für Wanderer, Mountainbiker und Naturliebhaber ist das Zentrum der Insel. Hoch aufragende Felsen, tiefe Schluchten und stille, weiße Bergdörfer warten auf die Entdeckung.

»Gewitter aus Stein« nannte der spanische Schriftsteller und Philosoph Miguel de Unamuno (1864–1936) das Zentrum der Insel. Rot, gelb, golden und bläulich schimmernde Felsen, Steilabstürze, Monolithen, Klippen, Kegel – keine noch so bizarre Form haben Vulkanausbrüche, Wind und Regen, die in Jahrmillionen diese Land-

Touren im Zentrum

Tour 13 **Rundfahrt zu Roques und stillen Dörfern** **Cruz de Tejeda › Degollada Becerra › Pico de las Nieves › Ayacata › Embalse Cueva de las Niñas › Roque Nublo › Roque Bentayga › Tejeda › Cruz de Tejeda**

schaft gestalteten, ausgelassen. Mittendrin liegen strahlendweiße Dörfer, an den Fels geklebt wie Tejeda oder in den Fels gegraben wie Artenara. Vom Inseldach schweift der Blick über das Gebirge hinweg, und über dem Meer grüßt der Pico de Teide von Teneriffa durch den Dunst. In der Mitte thronen die höchsten Gipfel – Pico de las Nieves, »Schneespitze«, mit 1949 m, und der »Wolkenfelsen« Roque Nublo mit 1813 m. Von diesem Zentrum aus ziehen sich tiefe *barrancos* bis zur Küste hinunter. An ihren Hängen wachsen Kiefern und Mandelbäume, deren rosafarbene Blüten im Januar und Februar die wilde Landschaft zart verhüllen. Neben Mandeln werden Feigen und Zitrusfrüchte geerntet, man betreibt Kartoffel- und Gemüseanbau sowie ein wenig Viehzucht. Ab und zu versperren Schaf- oder Ziegenherden die Straße.

Die markanten Felsmonolithen im Zentrum waren den Altkanariern heilig. Sie errichteten auf dem Gipfel des Roque Bentayga und am Fuß des Roque Nublo Altäre. Dass die höchsten Berge ungemütliche Namen wie »Schneegipfel« tragen, muss niemanden abschrecken. Auch sie liegen fast das ganze Jahr über im Sonnenlicht. Vor der spanischen Kolonisierung vor gut 500 Jahren ragten die Bergzinnen noch aus dichten Kiefernwäldern. Jahrhunderte mit drastischem Raubbau haben sie vernichtet und mit ihnen Bäche und Flüsschen, die Gran Canaria einst so fruchtbar machten. Durch Aufforstungsprogramme sollen sie zu neuem Leben erweckt werden. Der Pinar de Tamadaba ist dafür ein gutes Beispiel. Flechten, die wie Bärte von den Ästen hängen, zeigen an, dass die Luft rein ist. Das gesamte Zentrum und der Westen, der mit einer furiosen Steilküste endet, bilden das größte Naturschutzgebiet Gran Canarias. Die Berglandschaft in der Inselmitte ist für Aktive ideal zum Wandern.

Tour 14 Ins Höhlendorf Artenara und den Wald von Tamadaba **Tejeda › Artenara › Pinar de Tamadaba › Cruz de Tejeda › Tejeda**

Touren in der Region

Tour 13 Rundfahrt zu Roques und stillen Dörfern

Tour-Übersicht:

Verlauf: Cruz de Tejeda › Degollada Becerra › Pico de las Nieves › Ayacata › Embalse Cueva de las Niñas › Roque Nublo › Roque Bentayga › Tejeda › Cruz de Tejeda

Distanz: 60 km, reine Fahrtzeit ca. 1,5 Stunden

Praktische Hinweise:

- Die Tagestour ist am besten mit dem Pkw durchzuführen – die Straßen sind sehr kurvenreich.
- Wer aus dem Süden kommt, sollte etwas wärmere Kleidung (Jacke) und feste Schuhe im Wagen haben.
- Unterwegs gibt es viele gute Restaurants, aber auch zahlreiche Picknickplätze.
- Diese oder ähnliche Touren werden auch in zahlreichen Hotels als Bus-Tagesfahrten angeboten.

Tour-Start:

Die Tour führt in die faszinierende Bergwelt der Insel mit allen Roques, vielen Aussichtspunkten und stillen Dörfern. Das ***Cruz der Tejeda** › **S. 131** auf einer Höhe von 1490 m ist der höchste Punkt einer reizvollen Passstraße. Von hier führen sternförmig Straßen in alle Richtungen der Insel.

Weiter geht die Fahrt von dort wenige Meter in Richtung San Mateo, um dann auf die GC 150 Richtung Roque Nublo abzubiegen. Ein erster beeindruckender Aussichtspunkt liegt am Pass **Degollada Becerra.** Von dort schaut man in die Tiefe der Caldera de Tejeda und es ist nicht mehr weit zum höchsten Berg der Insel, dem 1949 m hohen **Pico de las Nieves** › **S. 127.** Einen großartigen Blick auf den »Schneeberg« hat man vom Mirador Los Pechos. Das malerische Dorf **Ayacata** ist umgeben von hohen Bergspitzen.

Wer hier in Richtung Mogán abbiegt, erreicht nach wenigen Kilometern den Stausee **Embalse Cueva de las Niñas,** einen der schönsten Flecken Gran Canarias mit romantischem Picknickplatz. Am Ufer des Stausees stehen Holztische und Bänke, es gibt gemauerte Grillöfen und Frischwasser.

Es geht zurück nach Ayacata und weiter zum weithin sichtbaren Monolithen ****Roque Nublo** › **S. 128;** der bizarre Felsen ist ein Wahrzeichen der Insel. Hier ist eine kleine Wanderung möglich.

Ein Kultplatz der Altkanarier liegt am 1412 m hohen ****Roque Bentayga** › **S. 129;** dort kommt man auch weiter in die kleinen Dörfer Solana und El Chorillo, in denen nur noch wenige Einwohner die Terrassenfelder bewirtschaften. Am Fuß des Berges liegt ***Tejeda** › **S. 130,** das schönste Bergdorf der Insel.

Tour 14 Nach Artenara und in den Wald von Tamadaba

Tour-Übersicht:

Verlauf: **Tejeda › Artenara › Pinar de Tamadaba › Cruz de Tejeda › Tejeda**

Distanz: etwa 50 km, Fahrzeit 2 Std.

Praktische Hinweise:

- Die Tagestour ist nur mit dem Pkw realisierbar.
- Wer aus dem Süden kommt, sollte etwas wärmere Kleidung (Jacke) und feste Schuhe im Wagen haben.
- Restaurants gibt es in Artenara und am Cruz de Tejeda, Picknickplätze im Pinar de Tamadaba.

Im Pinar de Tamadaba

Tour-Start:

Der Ausgangspunkt der Tour, das reizvolle Bergdorf ***Tejeda** › **S. 130**, ist von überall auf der Insel gut zu erreichen. In der höchstgelegenen Siedlung Gran Canarias, dem Bergdorf ****Artenara** › **S. 132**, wohnen zahlreiche Einwohner noch in Höhlenwohnungen, die in den weichen Tuffstein der Berge gegraben wurden.

Die kurvenreiche Straße führt weiter in den ****Pinar de Tamadaba** › **S. 134**. In dem lichten Kiefernwald bieten einige *miradores* einen Blick bis zur Küste. Wer möchte, kann auf dem Rückweg in Artenara links abbiegen und das eindrucksvolle Bergpanorama am ***Cruz de Tejeda** › **S. 131** genießen.

Unterwegs im Zentrum

Pico de las Nieves 1

Der mit 1949 m höchste Berg Gran Canarias, etwas anzüglich aber durchaus offiziell auch *Los Pechos* (»Die Brüste«) genannt, ist von seiner Gestalt her wenig spektakulär. Eine eher sanfte Rundung, auf der als Halbkugeln Nato-Horchposten stehen (daher der Spitzname). Allerdings ist der Blick vom »Schneegipfel« einmalig. Selbst der markante Roque Nublo wirkt von hier winzig. Im Süden und Westen zeigt sich ein Panorama zerklüfteter Schluchten und bewaldeter Hochplateaus. Auch wenn es auf dem Berg nur alle paar Jahre wirklich

Erst-! klassig

Erst-klass

Schnee gibt, wurde an der Straßengabelung unterhalb des *pico* ein historischer »Schneebrunnen«, ein **Pozo de las Nieves,** freigelegt. Eine Schautafel erläutert seinen Namen: In früheren Jahrhunderten wurde das im tiefen Brunnenschacht lagernde Wintereis ausgehobelt und nach Las Palmas gebracht, wo man es im Krankenhaus zur Kühlung von Wunden nutzte.

**Roque Nublo 2

Der markanteste und mit 1813 m zweithöchste Punkt ist ein Wahrzeichen Gran Canarias. Der steil in den Himmel ragende Finger des »Wolkenfelsen« schimmert je nach Sonnenstand golden oder blasslila. Von der Seite betrachtet gleicht er einem menschlichen Antlitz. Ihn ganz aus der Nähe zu betrachten, ist ein unvergleichliches Erlebnis; die Wanderung kann jeder, der robuste Schuhe trägt und einigermaßen trittsicher ist, ohne Mühe bewältigen.

Wahrzeichen: der Roque Nublo

Wanderung am Roque Nublo

Die leichte Wanderung mit kurzen, felsigen Aufstiegen führt zum Felsplateau des Roque Nublo.

Dieses Felsplateau ist breit, aber nicht mit Geländern abgesichert; es ist deshalb nicht für kleinere Kinder geeignet.

Ausgangspunkt ist der Parkplatz **La Goleta** an der GC 600. Gegenüber führt ein nicht zu übersehender, zunächst gepflasterter Pfad in Richtung Felsmonolith. Unterwegs zweigt zunächst ein Pfad nach rechts und später ein weiterer Pfad nach links ab. Sie bleiben auf dem Hauptweg zum Felsplateau, der jetzt stärker ansteigt. Unterwegs passiert man den kleineren Monolithen **El Fraile**, den Namen bekam er, weil er aus der Ferne betrachtet die Form eines Mönchs mit Kutte besitzt. Es geht weiter geradeaus über den steinigen Pfad und anschließend über Treppen zum Felsplateau in 1733 m Höhe. Oben hockt **Rana,** ein Felsen in der Form eines Frosches. Vom **Roque Nublo** bietet sich eine weite Sicht über den Inselwesten bis nach Teneriffa; im Norden liegt am Fuß des Berges das Dorf La Culata und nicht weit entfernt Tejeda.

In diesen Felsen verbarg sich die Wohnhöhlenanlage Cueva del Rey

**Roque Bentayga 3

Der spektakuläre Felsmonolith war als Kultplatz der wichtigste Ort für die Altkanarier. Drei von Höhlen perforierte mächtige Felsscheiben schließen sich an.

Sie beherbergten bis zum Jahr 1478 eine Volksgruppe der Altkanarier. Hierher hatten sich zusätzlich die Überlebenden der Kämpfe gegen die Spanier geflüchtet. Unterhalb des Felsen fochten sie ihre letzte Schlacht.

Die bis dahin friedlich auf dem Niveau der Jungsteinzeit lebenden Altkanarier waren den Eroberern in jeder Weise unterlegen. Sie kannten nicht nur kein Metall, sie kannten weder Pfeil noch Bogen noch Schwerter oder Speere. Sie kämpften mit Steinwürfen, die ihnen auf dem Plateau kaum nützlich waren, und mit Fäusten. Die auch in anderen Lebensbereichen gleichberechtigten Frauen kämpften mit.

Ausflug zur Cueva del Rey und zu einsamen Bergdörfern

Der Wohnhöhlenkomplex ist über den Weiler **El Roque** erreichbar. Die ausgeschilderte Straße führt zwischen Felsen und Hang entlang. Leider ist der Pfad zur Haupthöhle, der **Cueva del Rey,** nicht mehr begehbar. Dennoch gewinnt man einen Eindruck vom Umfang der früheren Höhlensiedlung. Hinter dem Pass von El Roque liegt ein kleiner Aussichtplatz mit Blick auf die abgeschiedenen Bergdörfer **La Solana** und **El Chorillo.** Die Flecken sind noch bewohnt, wenn auch die meisten Menschen ihre Dörfer bereits verlassen haben. Die Ensembles von Häusern in kanarischer Bauweise, Orangengärten und hohen schlanken Palmen sind so ursprünglich und hübsch, wie nur wenige Flecken im gesamten Archipel. **Erst-! klassig**

Dass die Landwirtschaft in der Gemeinde kränkelt, liegt nicht nur

› Karte S. 124

Das Inselzentrum ist ein gutes Terrain für Mountainbiker

an der mühseligen Terrassenbewirtschaftung. Auf Gemeindegebiet liegen zwar fünf Stauseen, deren Wasser gehört aber nicht der Gemeinde Tejeda, sondern wird nach Las Palmas und in den Süden geleitet – mit der Folge, dass es in regenarmen Sommermonaten hier oben nur wenig Wasser gibt.

*Tejeda 4

Das schöne Bergdorf, immerhin noch 1050 m über dem Meeresspiegel gelegen, zählt nur knapp 1000 Einwohner. Die Hauptstraße ist wie eine Promenade durch das Ortszentrum angelegt, von der man schöne Ausblicke auf den Roque Bentayga hat. An der **Plaza** stehen Rathaus und Kirche, ein Stückchen weiter gibt es Restaurants und Grünanlagen. Unterhalb der Plaza und der Kirche beginnt der älteste Ortsteil mit engen, winkligen Gassen.

Drei kleine Museen informieren über alte Bräuche, die in Tejeda noch gepflegt werden: Das Heimatmuseum **Museo de las Tradiciones** in der Calle Párroco Rodríguez Vega 6 informiert über das vergangene Leben in Tejeda und verkauft im ehemaligen Kramladen Kunsthandwerk. Etwas weiter die Straße entlang zeigt das **Centro de Plantas Medicinales** in der Nr. 10 Beete mit medizinischen Pflanzen. Im Haus ist eine frühere Apotheke nachgebildet und auf Videos kann man Naturheilern bei der Arbeit zuschauen.

Das **Museo tres Cruzes** in der Calle Heraclio Sánchez ist ein kleines Privatmuseum: Der Sammler Paco Suarez zeigt in seinem Haus alte Werkzeuge und viele andere Dinge (alle drei Museen Di–Sa 11–15.30, So 11–16 Uhr. Eintritt: die beiden Gemeindemuseen zusammen Erwachsene 3 €, Kinder 2 €, das Privatmuseum ebenfalls 3 bzw. 2 €).

Info

Touristeninformation

st-! assig

Die Information hat ihren Platz im Museum für den Bildhauer Abraham Cardenes, der u.a. die Hundeskulptur vor der Kathedrale in Las Palmas geschaffen hat. Hier gibt es freundliche Beratung auch zu Unterkünften sowie einen Ortsplan, Material zu Sehenswürdigkeiten und Wanderwegen.

- Calle Leocadio Cabrera
- Tel. 928 66 61 89
- www.tejeda.es
- Tgl. 11–15.30, im Sommer bis 14.15 Uhr

Hotel

Hotel rural Fonda de la Tea ●●

Die elf im Landhausstil eingerichteten Zimmer in einem ehemaligen Gasthof im Ortszentrum öffnen sich auf Galerien um einen Innenhof. Restaurant und Salon strahlen noch den alten Charme des Hauses aus.

- Calle Ezequiel Sánchez 22
- Tel. 928 66 64 22 | Fax 928 66 64 43
- www.hotelfondadelatea.com

Restaurant

El Labrador ●

Neben der Plaza kann man auf einer Aussichtsterrasse sitzen. Auf den Tisch kommt bäuerlich-deftige Hausmannskost.

- Calle Ezequiel Sanchez
- Tel. 928 66 65 45

Shopping

Dulcería Nublo verkauft neben dem üblichen Gebäck auch Brot aus Süßkartoffeln und eine große Auswahl an süßen Mandelkuchen.

Erst-! klassig

*Cruz de Tejeda 5

An der Kreuzung oberhalb des Dorfes Tejeda treffen seit jeher die großen Straßen des Inselzentrums zusammen. Ein steinernes Kruzifix markiert den 1520 m hohen Pass – den höchsten der Insel – und verlieh ihm seinen Namen. Der Blick auf das Zentralgebirge ist von hier aus besonders schön. Im Schatten des Kreuzes standen immer schon Herbergen und Gasthäuser und so ist es

Das Cruz de Tejeda

› Karte S. 124

Einen tollen Blick bietet der Mirador de Unamuno in Artenara

heute noch. Da der Pass ein beliebtes Ausflugsziel ist, ist hier oben auf wenigen Metern meist richtig viel los. Der Pass ist zugleich auch ein guter Ausgangspunkt für Wanderer. Kürzere Touren führen zum Mirador de los Pinos de Gáldar (1,5 Std.) oder nach Artenara (2,5 Std).

Restaurants

El Refugio ●●

Die Spezialitäten des Inselzentrums kommen hier auf den Tisch, z.B. Lamm mit Gemüse. Angeschlossen ist ein Landhotel mit zehn Zimmern.

- Cruz de Tejeda
- Tel. 928 66 65 13 | Fax 928 66 65 20
- www.hotelruralelrefugio.com

Restaurants im Parador ●●–●●●

Das vier Sterne Hotel verfügt gleich über zwei Möglichkeiten gut zu essen. Über eine Bar mit angeschlossener Cafeteria, von der aus man direkten Zugang zur großen Terrasse mit herrlicher Aussicht hat und über ein edles Restaurant. Hier wird die kanarische Küche verfeinert zelebriert.

- Cruz de Tejeda
- Cafeteria 9–19 Uhr
- Restaurant 12.30–14.30 + 19–22 Uhr

Hotel

Parador Nacional Cruz de Tejeda ●●●

Das umfassend renovierte Haus liegt auf 1560 m Höhe am großartigsten Aussichtspunkt der Insel. Es verfügt über große Zimmer, Restaurant, Pool, Spa- und Sportbereich und die schönsten Aussichtsterrassen.

Erstklass

- Cruz de Tejeda
- Tel. 928 01 25 00 | Fax 928 01 25 01
- www.parador.es

**Artenara 6

11

Mit 1270 m Meereshöhe ist es nicht nur das höchstgelegene Dorf Gran Canarias, sondern kann noch mit einer weiteren Attraktion aufwarten: Fast alle Häuser des Dorfes und der umliegenden Weiler sind in den Fels hineingebaut. Erkennen lässt sich das meist erst auf den zweiten Blick, denn die Fronten der Wohnhöhlen sind gemauert, verputzt, gestrichen und mit hübschen Blumenkästen versehen. Ein Holzturm mit Glocke markiert die Kapelle **Nuestra Señora de la Cuevita,** natürlich auch in einer Höhle angelegt. Die Hauptkirche San Mateo liegt allerdings als »normaler« Bau in der Dorfmitte.

Erst-! klassig

Schön ist ein Spaziergang vom Mirador Esquina, am gleichnamigen Restaurant vorbei und am Calderarand entlang: Linker Hand eröffnet sich ein fantastischer Weitblick, rechts liegen Wohnhöhlen. Gleich hinter dem Mirador de Unamuno mit einer Skulptur des Dichters geht es durch ein Tor zu einer Höhlenwohnung, in der die Touristeninformation und ein Museum untergebracht sind.

Info

Touristeninformation

- Calle Párroco Domingo Báez 13
- Tel. 928 66 61 02
- Mo–Fr 10–16 Uhr

Restaurants

Esquina ●

Das Aussichtslokal liegt im Ortszentrum; serviert wird kanarische Küche.

- Calle Párroco Domingo Báez 1
- Tel. 928 66 63 81
- Tgl. 11–18 Uhr

Mirador La Cilla ●–●●

In spektakulärer Lage in einer Felshöhle (es gibt auch einen Innenraum) mit fantastischer Aussicht. Kanarische Küche, Spezialitäten kommen von Grill *(Brasa)*.

- Camino La Cilla 9 (Tunnel), am Ortseingang, am Supermarkt nach rechts
- Tel. 609 16 39 44
- So–Do 11.30–23.30, Fr/Sa 11.30–0.30 Uhr

Acusa 7

Artenaras Ortsteil Acusa (ausgeschildert) liegt in Steilwänden unterhalb der Hochebene. Sie sind mit noch bewohnten Höhlen geradezu perforiert. Im oberen Teil weisen

Besuche in bewohnten Höhlendörfern

Erst-! klassig

- **Barranco de Guayadeque:** Im Dorf Cueva Bermeja kann man Höhlengefühle bekommen. Am Ende der Schlucht hatte eine ganze Dorfgemeinschaft in einer Höhle Platz, heute das Restaurant *Tagoror* › S. 102.
- **Sardina del Norte:** Ein Gang vom Strand an der Küste entlang zeigt auch Unterkünfte in Höhlen. Das entsprechende Ambiente vermittelt die Bar/Restaurant La Cueva › S. 118.
- **Artenara:** Das größte bewohnte Höhlendorf liegt im Zentrum. Auch die Touristeninformation befindet sich in einem Höhlenhaus (Mo–Fr 10–16 Uhr)› S. 132.
- **Acusa:** Die Steilwände unterhalb der Hochebene sind geradezu perforiert; vor allem bei **Acusa Seca** und der Höhlensiedlung **La Candelaria** › S. 134.

› Karte S. 124

Steilküste im Westen

Schilder nach **Acusa Seca** (Achtung: schlechte Wegstrecke), einer Mischung aus archäologischem Komplex und Wohnungen. Im unteren Teil liegt die Höhlensiedlung **La Candelaria.**

Die Straße führt weiter an den großen Stauseen vorbei in Richtung San Nicolás und zur Steilküste im Westen.

**Pinar de Tamadaba 8

Große Teile des einzigen Waldes des Zentralmassivs wurden mit Kanarischer Kiefer (*pino canariensis*) aufgeforstet. Angekohlte Stämme verraten, dass es regelmäßig brennt, aber auch, dass die Kiefer relativ feuerresistent ist. In vielen Bäumen hängen Flechten wie Bärte. Sie sind ein Zeichen für die saubere Luft hier oben. Der Wald wird von einer Ringstraße erschlossen; von vielen Punkten hat man hervorragende Aussicht. Wer die Runde nach Westen (an der Gabelung nach links) beginnt, schaut zunächst in die menschenleeren Schluchten des Parque Natural Tamadaba, bald darauf auf das Meer und – bei guter Sicht – auf Teneriffa. Nach etwa einer halben Umrundung biegt in Richtung Meer die Schotterpiste zu einem Picknickplatz *(zona recreativa)* ab.

Wer seinem Wagen die buckelige Wegstrecke nicht zumuten mag, geht die 300 m zu Fuß. Nach 200 m geht es an der Gabelung nach rechts, gleich darauf ist der schöne Platz mitten im Wald erreicht. Es gibt Grillstellen, Tische sowie Bänke und dazu Informationstafeln zur Natur der Umgebung. Eine herrliche Aussicht gibt es sowieso. Am Wochenende ist es voll, an den anderen Tagen hat man den Platz wahrscheinlich für sich.

Wanderung auf den Altavista

Die mittelschwere Wanderung auf den 1376 m hohen Aussichtsberg ist hin- und zurück 11 km lang und dauert etwa 3,5 Stunden. Etwa 1,5 km nach Beginn der Ringstraße 216 kommt der Aussichtsplatz *Degollada del Sargento.* Hier folgt man dem Pfad mit der Ausschilderung 7 nach oben in den Wald.

An der Weggabelung den linken Pfad in Richtung Südwesten nehmen (Pfad 7 führt nach Norden weiter). Nach etwa 15 Minuten erreicht man das Holzkreuz Cruz de Maria. Der Pfad geht weiter entlang der Kammlinie, mal leicht auf und ab, mal westlich, dann wieder östlich des Kamms. Abwechselnd bieten sich so schöne Blicke auf das Meer und Teneriffa oder in die Caldera de Tejeda und die Hochebene von Acusa.

Nach knapp 1,5 Stunden senkt sich der Weg und führt anschließend in Kurven zu einem Pass. Auf der anderen Seite ragt bereits das Ziel auf, der Berg Altavista. Weiter dem Pfad hinunterfolgen, an der Gabelung den linken (südwestlichen) Weg auf den Altavista nehmen; nun kommen die stärksten Steigungen. Oben angekommen aber entschädigt ein sagenhafter Panoramablick auf den Stausee Paralillo. Zurück geht es auf demselben Weg.

2 Steilküste im Westen 9

Absolut spektakulär ist die **Steilküstenstraße** im Westen, die kurz hinter Puerto de Aldea beginnt und im Norden bei Agaete endet. Kaum hat man das fruchtbare Tal bei Puerto de la Aldea verlassen, in dem intensiv Landwirtschaft betrieben wird, ändert sich die Landschaft.

Mehrere 100 m fallen die Felsen ins Meer ab, unübersichtliche Serpentinen winden sich die Flanken der Berge hinauf und hinunter. Die Straße über »die grünen Berge«, wie die Steilküste genannt wird, stammt aus den 1960er-Jahren. Obwohl sie gut ausgebaut ist, vermittelt sie mit den tiefen Schluchten und weiten Ausblicken das Gefühl von Abenteuer.

An vier der Kehren wurde die Straße zu Aussichtspunkten *(miradores)* erweitert. Besonders grandiose Blicke auf das vielfach gezackte Felsgetümmel vor der Atlantikkulisse bietet der ****Mirador del Balcón.**

Die schönsten Aussichtsplätze

Erst-! klassig

- **Mirador de las Dunas:** Vom Südzipfel von Playa del Inglés bietet sich ein wunderbarer Blick über das goldfarbene Dünengebirge › S. 52.
- **Mirador Degollada de Becerra:** Herrlicher Blick in die Caldera de Tejeda › S. 126.
- **Aussichtsterrassen des Paradors am Cruz de Tejeda:** Am schönsten ist es morgens, dann wirkt die Umgebung bläulich, oder abends nach Sonnenuntergang, wenn der Himmel alle Regenbogenfarben annimmt › S. 132.
- **Mirador Esquina:** Fantastische Ausblicke auf die weite Landschaft und altkanarische Höhlenwohnungen hat man in Artenara › S. 133.
- **Mirador del Balcón:** Die Lage an der Steilküste im Nordwesten ermöglicht einen traumhaften Blick auf die gezackte Felsenküste › S. 135.
- **Mirador de las Palomas:** Der Aussichtspunkt liegt an der Straße von Cruz de Tejeda nach Artenara.

Infos von A–Z

Ärztliche Versorgung

Gegen Vorlage der Europäischen Versicherungskarte EHIC (European Health Insurance Card), ausgestellt von der Krankenkasse, können sich gesetzlich Krankenversicherte in den örtlichen Gesundheitszentren *(centros de salud)* oder im staatlichen Krankenhaus *(hospital)* bei einer akuten Erkrankung kostenlos behandeln lassen. Die medizinische (Notfall-)Versorgung ist gut. Zahnbehandlung gehört – außer in Notfällen – nicht dazu. In jeder Gemeinde gibt es mindestens ein Gesundheitszentrum, viele davon mit 24-Std.-Ambulanz *(urgencia).* Die Ärzte sprechen nicht in jedem Fall englisch oder deutsch, deshalb kann es hilfreich sein, einen deutsch sprechenden Privatarzt oder ein privates Ärztezentrum aufzusuchen. In den Urlauberzentren praktizieren jeweils mehrere; in den Hotels liegen entsprechende Listen aus.

Da die gesetzlichen Krankenkassen nur die Kosten übernehmen, die bei einer entsprechenden Behandlung in Deutschland anfallen würden, empfiehlt sich der Abschluss einer privaten Reisekrankenversicherung. Diese sorgt im Notfall, bei einem entsprechenden Abschluss, auch für den Rücktransport.

Apotheken

In den *farmacias* – erkennbar am grünen Kreuz – sind alle auch in Mitteleuropa gängigen Medikamente erhältlich, nicht selten weitaus billiger und rezeptfrei. Da sie aber oft andere Namen haben, sollte man den Beipackzettel des benötigten Medikaments mitnehmen, damit mit Hilfe der Zusammensetzung ein entsprechendes Präparat gefunden werden kann. Die Rechnung sollte man sich quittieren lassen.

Behinderte

Selbsthilfeorganisationen wie die Bundesarbeitsgemeinschaft Behinderter (www.bagcbf.de) oder Mobility International (www.mis-ch.ch) bieten einen Informationsaustausch und Hilfe bei der Urlaubsplanung an.

Der Service für Behinderte wird vielfältiger. Am Flughafen gibt es **Spezialtaxis** *(socomtaxi)* zum normalen Preis, die allerdings vorbestellt werden sollten: Tel. 928 18 44 91, www.socomtaxi.com.

Immer mehr Ferienorte bauen Straßen und Strandzugänge barrierefrei um. In Las Palmas gilt das für die Zugänge zum Hauptstrand, in San Águstin für den gesamten Ortsbereich.

Diplomatische Vertretungen

- **Deutschland**
  Konsulat: Albareda 3, Las Palmas,
  Tel. 928 49 18 80, Fax 928 26 27 31,
  www.las-palmas.diplo.de,
  Mo–Fr 9–12 Uhr
- **Österreich**
  Konsulat: Av. Gran Canaria 26
  (Hotel Eugenia Victoria),
  Playa del Inglés,
  Tel. 928 76 25 00, Fax 928 76 22 60,
  Mo–Fr 10–13 Uhr
- **Schweiz:**
  Diplomatische Vertretung: Calle
  Domingo Rivera 2, Las Palmas,
  Tel. 928 29 34 50,
  Mo–Fr 9–12 Uhr

Einreise

Für EU-Bürger genügt der Personalausweis oder der Reisepass. Wer länger als 6 Monate bleiben will, besorgt sich eine Aufenthaltsgenehmigung *(residencia).* Schweizer können mit der nationalen Identitätskarte für 3 Monate einreisen; wenn sie länger bleiben wollen, benötigen sie ein Visum.

Elektrizität

Steckdosen und Netzspannung entsprechen mitlerweile den europäischen Normen. Adapter sind nur noch in älteren Hotels erforderlich.

Feiertage

Spanien kennt nationale, regionale und kommunale Feiertage; es kann passieren, dass man in einem Ort vor verschlossenen Türen steht, während im Nachbarort normaler Geschäftsbetrieb herrscht. Hier die auf der gesamten Insel geltenden Feiertage:

1. Januar (Año Nuevo), 6. Januar (Los Reyes), Karfreitag (Viernes Santo), Ostersonntag (Pascua), 1. Mai (Día del Trabajo), 30. Mai (Día de Canarias), Fronleichnam (Corpus Cristi), Christi Himmelfahrt (Ascensión del Señor), 25. Juli (Santiago), 15. August (Asunción de la Virgen), 12. Oktober (Día de la Hispanidad), 1. Nov. (Todos los Santos), 6. Dezember (Día de la Constitución), 8. Dezember (Inmaculada Concepción), 25. Dezember (Navidad).

Fällt ein datumsgebundener Feiertag auf einen Sonntag, bleiben am Montag Geschäfte und Ämter mindestens halbtags geschlossen.

Geld

Landeswährung ist der Euro (€).

Der Kurs des Euro zum Schweizer Franken schwankt: 1 Euro = 1,29 CHF (Stand: Mai 2013). Gebührenfrei kann man an Werktagen vormittags bei der Spanischen Landesbank *(Banco de España)* in Las Palmas tauschen, Calle León y Castillo 6.

Prozession in Puerto de las Nieves

Information

Unter www.grancanaria.com informiert das **Patronato de Turismo** (Tel. 928 21 96 00, León y Castillo 17, Las Palmas) über die Insel. Die Adressen der einzelnen Tourismusbüros und die Internetadressen stehen im Reiseteil.

Vor der Reise kann man sich beim **Spanischen Fremdenverkehrsamt** (www.spain.info, Tel. 01 80/3 00 26 47 für Prospektbestellung) informieren. Es unterhält auch Filialen im Ausland:

- **Deutschland**
  10707 Berlin, Kurfürstendamm 63
  Tel. 0 30/8 82 65 43
- **Österreich**
  Walfischgasse 8/14, 1010 Wien
  Tel. 0810 24 24 08
- **Schweiz**
  Seefeldstr. 19, 8008 Zürich
  Tel. 00 800/10 10 50 50

Weitere Internetdadressen:

- www.grancanariainfo.de
  Viele Infos über die Insel, Stadtpläne, Restauranttipps.

- www.laspalmas24.com
  Umfangreiches deutschsprachiges Infoportal über die Inselhauptstadt.
- www.globalsu.net
  Seiten der Busgesellschaft mit einfach zu findenden Busverbindungen.
- www.aena.es
  Flughafenservice mit Start- und Landezeiten.

Kriminalität

Obwohl die Kriminalitätsrate auf Gran Canaria im mitteleuropäischen Vergleich eher niedrig liegt, ist sie vor Ort ein heikles Thema. Offizielle Stellen spielen das Problem herunter, die Presse bauscht es auf. In Las Palmas muss man im Parque Santa Catalina, am Hafen und im Viertel La Isleta auf Taschendiebe gefasst sein. Strandräuber treiben ihr Unwesen in Maspalomas und Autodiebe überall, insbesondere an bei Touristen beliebten Parkplätzen auf den Touren.

Kleingeld bewahrt man am sichersten in einem Geldgürtel oder einem Brustbeutel auf, Wertsachen und Ausweispapiere gehören in den Hotelsafe (an den großen Stränden gibt es Schließfächer). Am besten nichts im Auto liegen lassen und das leere Handschuhfach öffnen.

Wer wirklich Opfer eines Diebstahls oder Raubs wird, muss dies bei der *Guardia Civil* melden, denn für die Erstattung des Schadens durch die Versicherung ist ein Protokoll unerlässlich.

Notruf

Zentrale Notrufnummer für Polizei, Feuerwehr und Ambulanz, in mehreren Sprachen – auch auf Deutsch: **Tel. 112**.

Öffnungszeiten

Gewöhnlich haben **Geschäfte** Mo bis Fr 9–13 und 17–19 Uhr, Sa nur vormittags geöffnet; in den Touristenzentren länger und auch sonntags. Auch die großen *centro comerciales* haben länger geöffnet. **Postämter** und **Banken** sind Mo–Fr von 8.30–14, Sa bis 13 Uhr geöffnet. **Museen** sind montags geschlossen.

Post

Für Ansichtskarten und Standardbriefe (bis 20 g) innerhalb Europas beträgt das Porto einheitlich 0,65 €. Briefmarken *(sellos)* erhält man auch an der Hotelrezeption sowie beim Kauf von Ansichtskarten.

Radio und Fernsehen

Zahlreiche Hotels und Apartmentanlagen empfangen über die Satelliten Astra und Eutel deutschsprachige TV- und Radiosender. Die Deutsche Welle sendet auf 9735 kHz im 31-Meter-Band oder 15275 kHz im 19-Meter-Band. Deutschsprachige Informationen gibt es auch auf UKW 99,6 MHz 9–11 und 17–20 Uhr sowie von Radio Maspalomas auf UKW 93,9 MHz.

Shopping

Gran Canaria ist noch Freihandelszone, statt der Mehrwertsteuer gibt es eine Luxussteuer, die einen Teil der Verbilligungen bei Tabak und Spirituosen, Parfüms und Kosmetika, Uhren, Schmuck, optischen Geräten und Produkten der Elektronikindustrie wieder aufhebt.

Einheimisches Kunsthandwerk wird auf den Märkten z.B. in Teror, Galdár und Vega de San Mateo angeboten. Vorsicht, die superpreiswerten Angebote auf den Märkten sind fast immer Kopien aus Fernost. Garantiert einheimisches Kunsthandwerk wie ohne Drehscheibe hergestellte Keramik, Körbe aus Stroh oder geflochtenen Palmblättern und bestickte Tischwäsche und Blusen findet man in den Läden der Kunsthandwerkervereinigung FEDAC, im Haus der Touristeninformation in

Playa del Inglés und in Las Palmas (Triana), Calle Domingo J. Navarro 7. Dort gibt es auch *cuchillos canarios,* Messer mit feststehender Klinge und kunstvoll gearbeitetem Griff, hergestellt in Guía sowie Hohlraumstickerei aus Ingenio.

Einen Gran-Canaria-Erinnerungsabend kann man zuhause z.B. mit typischen Getränken und Spezialitäten aufpeppen. Den Wein sollte man aber nach dem Transport zwei bis drei Wochen ruhen lassen, Rum aus Arucas bedarf dieser Vorsichtsmaßnahme nicht. Typischer Käse wie der *queso de flor* ist eine gute Vorspeise und *bienmesabe* aus Mandeln, Honig und Eiern ein süßer Abschluss. Tabakfreunde freuen sich über handgedrehte Zigarren.

Telefon

Am einfachsten und kostengünstigsten telefoniert man von öffentlichen Fernsprechern mit einer Telefonkarte *(tarjeta telefónica);* erhältlich in Supermärkten und Tabakläden. Angenehmer, aber auch teurer, ist ein Telefonat über die Hotelzentrale.

Handynutzer können problemlos telefonieren, die Gebühren betragen nach neuesten EU-Regeln max. 0,51 €/Min.

Vorwahlen ins Ausland: Deutschland 00 49, Österreich 00 43, Schweiz 00 41. Danach Ortsnetzvorwahl ohne die Null und die Teilnehmernummer.

Vorwahl Gran Canaria: 00 34.

Trinkgeld

Im Lokal oder im Taxi wird die Rechnung wie gewohnt aufgerundet. Auch bei besonderen Dienstleistungen im Hotel ist ein Trinkgeld *(propina)* angebracht.

Gepäckträger erhalten ca. 60 Cent pro Koffer oder Reisetasche, Zimmermädchen 3–6 € pro Woche. Auch Fremdenführer freuen sich über einen kleinen Obolus.

Zeit

Auf Gran Canaria gilt die westeuropäische Zeit (WEZ), d.h., man muss ganzjährig seine Uhr bei der Ankunft um eine Stunde zurückstellen.

Zeitungen

In den touristischen Zentren der Südküste und in Las Palmas sind deutsche Tageszeitungen meist noch am Erscheinungstag zu bekommen. Die Bildzeitung unterhält eine eigene Redaktion und Druckerei auf den Kanaren.

Inselereignisse und Veranstaltungstipps enthält die deutschsprachige Wochenzeitung »Info Canarias«; im Internet-Abo: www.infocanarias.com

Zoll

Die Kanarischen Inseln gehören immer noch nicht zur Europäischen Zollunion, sodass für Deutsche, Österreicher und Schweizer die niedrigeren internationalen Freimengen gelten. Abgesehen von den Artikeln für den persönlichen Bedarf dürfen ein- und ausgeführt werden: 200 Zigaretten oder 100 Zigarillos, 50 Zigarren oder 250 g Tabak; 1 l Spirituosen über oder 2 l unter 22 Vol.-% Alkoholgehalt, dazu 2 l Tischwein; 500 g Kaffee und 50 ml Parfüm.

Souvenirs sind bis zu einem Gesamtwert von 430 € bzw. 300 CHF pro Person zollfrei.

Urlaubskasse	
Tasse Kaffee	ab 1 €
Softdrink	ab 1,50 €
Glas Bier	ab 1,50 €
Tapas	ab 3 €
Kugel Eis	1–1,50 €
Taxifahrt (10 km)	10 €
Mietwagen/Tag	ab 25 €
1 l Superbenzin	0,90 €

Register

Bildnachweis

Coverfoto Windmühle in Mogan © Bildagentur Huber/Reinhard Schmid
Fotos Umschlagrückseite © Fotolia/Foto_Maton (links); LOOK-foto/Juergen Richter (Mitte), Pixelio/Robert Babiak (rechts)
Alamy/Julian Eales: 70; Alamy/Nichola Pitt: 65; Alamy/David Robertson: 74; APA Publications/Gary John Norman: 80, 86, 117, 137; Bildagentur Huber/R. Schmid: 1, 6, 46, 48, 59, 123; Bilderdienst Pansegrau: 99; Ivan Egorov: 15, 25, 62, 68, 97, 102, 104, 112, 114, 116, 119, 129, 131, 132; Fotolia/Foto_Maton: U2-2; Fotolia/kaleff: 24; Fotolia/Karol Kozlowski: 103; Fotolia/LianeM: 34; Fotolia/Stefan Richter: 36; Izabella Gawin/Dieter Schulze: 134; Ralf Freyer: 93, 109; Gloria Palace San Augustin: 55; Rainer Hackenberg: U2-3, 33, 75, 98; Marlis Kappelhoff: 35, 89; Katja Kreder: 19; La Venecia de Canarias: 71; laif/Barth: 38; laif/Gerard Guittot/REA: 111; laif/Naftali Hilger: 127; laif/Joerg Modrow: 92; laif/Conrad Piepenburg: 94; laif/Zanettini: 8; LOOK-foto/age fotostock: 39; LOOK-foto/Bernd Mueller: 107; LOOK-foto/Juergen Richter: 5, 28; mauritius images/CuboImages: 72; Pixelio/Ina Funke: 61; Michael Reimer: 17; Jo Scholten: 115; Shutterstock/Mihai-Bogdan Lazar: 69; Wolfgang Taschner: 20; Klaus Thiele: 87, 128; Tourist Board of Gran Canaria: U2-1, U2-4, 10, 13, 23, 40, 43, 45, 57, 63, 66, 82, 83, 84, 88, 120, 130; Wikipedia/Guido Haeger: 122; Wikipedia/Rémi Stosskopf: 105; Ernst Wrba: 101.

Impressum

Herausgeber: TRAVEL HOUSE MEDIA GmbH, München
Verlagsleitung: Michaela Lienemann
Redaktionsleitung: Grit Müller
Autorin: Irene Börjes
Redaktion: SAW Communications, Redaktionsbüro Dr. Sabine A. Werner, Mainz / Frauke Feuchter, Anna Ueltgesforth und Buch und Gestaltung, Britta Dieterle
Bildredaktion: Ulrich Reißer
Visuelle Neukonzeption und Layout: Gramisci Editorialdesign, München, und Ute Weber, Geretsried
Titeldesign-Konzept: Gramisci Editorialdesign, München, und Ute Weber, Geretsried
Karten und Pläne: Theiss Heidolph
Satz: Tim Schulz, Mainz
Druck: Stürtz Mediendienstleistungen, Würzburg

Dieses Buch wurde auf chlorfrei gebleichtem Papier gedruckt.
ISBN 978-3-8464-0812-4

www.polyglott.de

Liebe Leserin, lieber Leser,

wir freuen uns, dass Sie sich für diesen Polyglott on tour entschieden haben. Unsere Autorinnen und Autoren sind für Sie unterwegs und recherchieren sehr gründlich, damit Sie mit aktuellen und zuverlässigen Informationen auf Reisen gehen können. Dennoch lassen sich Fehler nie ganz ausschließen. Wir bitten Sie um Verständnis, dass der Verlag dafür keine Haftung übernehmen kann.

Ihre Meinung ist uns sehr wichtig. Bitte schreiben Sie uns:
TRAVEL HOUSE MEDIA GmbH, Redaktion Polyglott, Grillparzerstraße 12, 81675 München, redaktion@polyglott.de

Langenscheidt Mini-Dolmetscher Spanisch

Allgemeines

Guten Tag.	Buenos días. [bu**e**nos **di**as]
Hallo!	¡Hola! [**o**la]
Wie geht's?	¿Qué tal? [ke tal]
Danke, gut.	Bien, gracias. [bjen **gra**θjas]
Ich heiße ...	Me llamo ... [me **lja**mo]
Auf Wiedersehen.	Adiós. [a**djos**]
Morgen	mañana [ma**nja**na]
Nachmittag	tarde [**tar**de]
Abend	tarde [**tar**de]
Nacht	noche [**no**tsche]
morgen	mañana [ma**nja**na]
heute	hoy [oi]
gestern	ayer [a**jer**]
Sprechen Sie Deutsch / Englisch?	¿Habla usted alemán / inglés? [abla us**ted** ale**man** / in**gles**]
Wie bitte?	¿Cómo? [**ko**mo]
Ich verstehe nicht.	No he entendido. [no e enten**di**do]
Wiederholen Sie bitte.	Por favor, repítalo. [por fa**wor** re**pi**talo]
..., bitte.	..., por favor. [por fa**wor**]
danke	gracias [**gra**θjas]
Keine Ursache.	De nada. [de **na**da]
was / wer / welcher	qué / quién / cuál [ke / kjen / ku**al**]
wo / wohin	dónde / adónde [**don**de / a**don**de]
wie / wie viel / wann / wie lange	cómo / cuánto / cuándo / cuánto tiempo [**ko**mo / ku**an**to / ku**an**do / ku**an**to **tjem**po]
Warum?	¿por qué? [por **ke**]
Wie heißt das?	¿Cómo se llama esto? [**ko**mo ße **lja**ma **es**to]
Wo ist ...?	¿Dónde está ...? [**don**de es**ta** ...]
Können Sie mir helfen?	¿Podría usted ayudarme? [po**dri**a us**ted** aju**dar**me]
ja	sí [ßi]
nein	no [no]
Entschuldigen Sie.	Perdón. [per**don**]
Das macht nichts.	No pasa nada. [no **pa**ßa **na**da]

Shopping

Wo gibt es ...?	¿Dónde hay ...? [**don**de ai]
Wie viel kostet das?	¿Cuánto cuesta? [ku**an**to ku**es**ta]
Ich nehme es.	Me lo llevo. [me lo **lje**vo]
Wo ist eine Bank?	¿Dónde hay un banco? [**don**de ai um **ban**ko]
Ich suche einen Geldautomaten.	Busco un cajero automático. [**bus**ko un ka**che**ro auto**ma**tiko]
Geben Sie mir bitte 100 g Käse.	Por favor, déme cien gramos de queso. [por fa**wor** **de**me θjen **gra**mos de **ke**ßo]
Haben Sie deutsche Zeitungen?	¿Tienen periódicos alemanes? [**tje**nen per**jo**dikos ale**ma**nes]
Wo kann ich telefonieren / eine Telefonkarte kaufen?	¿Dónde puedo llamar por teléfono / comprar una tarjeta telefónica? [**don**de puedo lja**mar** por telefono / kom**prar** **u**na tar**che**ta tele**fo**nika]

Essen und Trinken

Die Speisekarte, bitte.	La carta, por favor. [la **kar**ta, por fa**wor**]
Brot	pan [pan]
Kaffee	café [ka**fe**]
Tee	té [te]
mit Milch / Zucker	con leche / azúcar [kon **le**tsche / a**θu**kar]
Orangensaft	zumo de naranja [**θu**mo de na**ran**cha]
Mehr Kaffee, bitte.	Más café, por favor. [mas ka**fe** por fa**wor**]
Suppe	sopa [**ß**opa]
Fisch	pescado [pes**ka**do]
Meeresfrüchte	mariscos [ma**ris**kos]
Fleisch	carne [**kar**ne]
Geflügel	aves [**a**wes]
Reis	arroz [a**rros**]
Beilage	guarnición [guarni**θjon**]
vegetarische Gerichte	comida vegetariana [ko**mi**da vecheta**rja**na]
Eier	huevos [u**e**wos]
Salat	ensalada [enßa**la**da]
Dessert	postre [**pos**tre]
Obst	fruta [**fru**ta]
Eis	helado [e**la**do]
Wein	vino [**bi**no]
weiß / rot / rosé	blanco / tinto / rosado [**blan**ko / **tin**to / ro**ßa**do]
Bier	cerveza [θer**we**θa]
Wasser	agua [**a**gua]
Mineralwasser	agua mineral [**a**gua mine**ral**]
mit / ohne Kohlensäure	con / sin gas [kon / ßin gas]
Limonade	gaseosa [gaße**o**ßa]
Ich möchte bitte zahlen.	La cuenta, por favor. [la ku**en**ta por fa**wor**]